Les aménagements du jardin

© 2007, Éditions Rustica/FLER, Paris
Dépôt légal : octobre 2007
ISBN : 2-84038-710-7
N° d'éditeur : 48600

PATRICK GLÉMAS · VIRGINIE KLECKA

Les aménagements du jardin

ALLÉES, TERRASSES,
PERGOLAS, BASSINS...

rustica éditions

Sommaire

Avant-propos 9

Terrasses & patios 10

Un salon au jardin 14
Au contact du jardin 16
Une estrade au jardin 19
Le charme du bois brut 20
Un belvédère 23
Réaliser une terrasse en dur 26
Construire une terrasse en bois 28

Allées & cheminements 30

Une incitation à flâner 34
Une allée buissonnière 36
La rigueur du trait 39
À l'orientale 40
Installer une allée, des règles à respecter 44
Les techniques de pose 45

Escaliers 48

Le charme de la pierre locale 52
Un petit côté mégalithique… 54
Dans l'intimité du jardin 57
Une invitation à la promenade 58
Créer un escalier 62

Murs & clôtures 66

Une ouverture sur la campagne 70
La simplicité faite esthétique 71
Un havre de tranquillité 72
De pierres et de plantes 74
Rigueur et retenue 75
Du bois en toile de fond 76
Les limites d'un paradis 78
Bien construire murs et clôtures 82

Niveau de difficulté des réalisations :
❀ débutant   ❀❀ bon bricoleur   ❀❀❀ professionnel

Claustras & pare-vue

86

À l'abri des moucharabiehs	90
Un bel écrin	92
La maîtrise de l'osier tressé	94

Pergolas

96

Invitation à la découverte	100
Le charme du fer forgé	102
Une vraie pergola…	104
Construire une pergola	108

Kiosques & tonnelles

110

Rendez-vous au fond du jardin	114
Le charme d'une tonnelle	116
La légèreté du fer forgé	119
Lieu de convivialité	120

Tuteurs & verticales

124

L'art de l'oblique	128
Des obélisques au jardin	130
Un pommier en parasol	132

Bancs

136

Au pied de mon arbre…	140
L'intimité d'une gloriette	142
La simplicité à l'honneur	144

Bordures

148

Un trait de couleur	152
Contour tressé	154
À flanc de coteau	156
Un tressage original	157
L'art de la récupération…	158
Des ronds pour faire des ronds	159

SOMMAIRE

Le charme indémodable du buis — 160
Une bordure composée — 161
Une bordure rustique — 162
L'art de la frontière — 166

BASSINS — 170

Des formes naturelles — 174
Des formes géométriques — 176
Un jardin asiatique — 178
Un jardin exotique — 179
Piscine naturelle — 180
Un bassin de récup' ! — 182
La musique de l'eau — 183
Un monde de sérénité — 184
Les 10 points à respecter
 pour réussir un bassin — 192
Installer un bassin — 194
La réalisation du bassin — 196

ABRIS DE JARDIN — 198

Un coin secret — 202
Tout à portée de main — 204
Un côté sauvage — 207

ÉCLAIRAGE — 210

Une incitation à l'aventure — 214
La magie de la lumière — 215
Marcher en toute sécurité — 216
L'esprit des lumières — 217
Bien concevoir l'éclairage — 220
Des contraintes techniques
 qu'il faut respecter — 222

OBJETS DÉCORATIFS — 224

Le plaisir de la récupération — 228
L'art du jardin en pots — 230
Un jardin animé — 232
La statuaire au jardin — 234

CARNET PRATIQUE : LES MATÉRIAUX — 236

Le béton et le mortier — 238
Les éléments de construction — 239
Les pavages — 240
Les dallages — 242
Le bois — 243

INDEX — 245

Avant-propos

Un jardin n'est pas fait que de plantes, loin s'en faut ! Si elles forment le fondement même de cet espace particulier, elles ont besoin d'être mises en scène pour exprimer tout leur potentiel. Et le jardinier doit pouvoir profiter de son coin de verdure sans devoir se frayer un chemin parmi une végétation luxuriante...

Aménager son jardin pour créer les meilleurs écrins possible pour ses végétaux et pour faciliter les déplacements et la vie des occupants du lieu a toujours été une préoccupation depuis que les jardiniers jardinent. Avec le temps, ils ont affiné les techniques et osé de nouveaux matériaux, des formes inhabituelles, des associations inédites...

Le « contenant » est, aujourd'hui, aussi important que le « contenu » pour concevoir un espace où il fait bon vivre. Difficile de ne pas installer une terrasse pour goûter aux plaisirs du jardin quels que soient la saison et le climat. Les allées, et les escaliers qui les accompagnent sur les terrains en pente, sont indispensables pour se promener sans abîmer les plantes. Dans nos cultures latines, nous sommes très attachés aux murs et aux clôtures pour marquer les limites de notre territoire. Un banc permet de se laisser aller à la contemplation.

Les plantes elles-mêmes ont souvent besoin d'un petit coup de main. Les grimpantes apprécient que des supports soient installés quand elles ne trouvent pas de tuteurs naturels. Le jardinier en profite pour créer des pergolas et des tonnelles où chacun aime se délasser lors des chaleurs estivales. L'eau et le jardin aquatique sont toujours appréciés pour le calme qu'ils procurent.

Autant d'aménagements à la portée de tout jardinier, néophyte ou confirmé. Ce livre se veut une source d'inspiration pour que chacun trouve l'idée qui convient à son univers végétal. Des explications techniques claires et complètes en facilitent ensuite la réalisation. Pour que le jardin soit un lieu agréable à vivre. ∎

TERRASSES & PATIOS

TERRASSES & PATIOS

Le jardin est un espace de détente et de repos, voire d'exercice pour ceux qui désirent se maintenir en forme en jardinant régulièrement. C'est surtout un lieu de rencontre et de vie : quel plaisir de se retrouver en famille ou entre amis, pour partager un repas ! On apprécie aussi d'y profiter de moments de solitude pour flâner, rêver, se prélasser, lire ou écrire... Ouverte à tous les vents ou plus intime, la terrasse offre une surface en dur pour que chaises longues et sièges ne basculent pas quand on s'y installe. Elle sait également accueillir famille et amis autour d'une grande table pour le déjeuner et le dîner. En un mot, elle facilite la vie en plein air ! ■

Double page précédente : à l'ombre de grands arbres, cette terrasse en briques et en galets permet de profiter du charme du jardin et du clapotis de l'eau dans le bassin.

Ci-contre : cette terrasse s'ourle de gravillons qui ont été colonisés par les plantes installées en bordure. Au bout de quelques années, les chaises en teck se fondent parmi les végétaux, ce qui accroît le charme du lieu.

Un salon au jardin

Posée au milieu du jardin, entourée de quelques plantes qui en marquent le pourtour, cette terrasse invite à la conversation. Sa forme ronde est en harmonie avec le reste du jardin. La petite table et les trois chaises accentuent l'intimité du lieu. Cet endroit est le centre du monde...

Cette terrasse semble flotter au milieu du jardin. Sa forme circulaire et sa légère surélévation contribuent en partie à créer cette impression. Mais c'est surtout la végétation installée alentour qui la détache du reste du jardin. L'accès se fait par des allées engazonnées. Des parterres en forme de quartiers s'appuient sur la terrasse. Des petits arbustes apportent une note verticale qui rompt la monotonie de l'ensemble. Au milieu, une pierre ronde semble marquer le centre de ce jardin. Les grands arbres, tout autour, évitent que cet écrin ne se trouve en plein soleil, grâce à leurs ombres portées. Voilà un endroit bien agréable pour chuchoter, lire ou écrire.

Un décor tout en harmonie

Douce au regard, la forme ronde trouve très facilement sa place dans tous les jardins. Le matériau utilisé, la pierre, lui permet de s'intégrer mieux encore dans le cadre. La patine du temps et le développement des végétaux accentuent cette symbiose au fil des années. Le choix du mobilier ne doit pas se faire à la légère. La table et les chaises, en fer forgé, sont en harmonie avec le reste du jardin, malgré leur forme résolument moderne. Tout ici incite à la douceur.

Une construction délicate

Le rond n'est pas la forme la plus simple à réaliser ! Le dessin de base s'obtient avec deux piquets et un cordeau : après avoir fiché un piquet au centre de la future terrasse, il suffit de le relier par le cordeau au second piquet, à une distance égale au rayon du cercle. La pose des pavés est en revanche plus délicate ! Heureusement, ici, le centre est occupé par une pierre cylindrique. Chaque pavé est posé de sorte qu'une de ses faces soit perpendiculaire au rayon. Les joints sont donc plus larges du côté extérieur que du côté intérieur. Chaque rangée de pavés est décalée d'un cercle à l'autre. Les joints sont scellés avec du mortier et finis à la truelle langue-de-chat. Bien que de surface réduite, ce travail demande du temps.

MISE EN ŒUVRE

La pose des pavés se fait sur une chape de béton renforcé avec un treillis métallique. Suivant la taille de la pierre centrale, celle-ci est soit incluse dans la chape, soit posée sur un lit de mortier, comme les pavés. La pose est délicate et réclame beaucoup de soin. Pour que les joints soient réguliers, ils doivent être perpendiculaires au rayon. Une bordure en béton coulée sur place parachève le pourtour. À moins de bien savoir manier la truelle, mieux vaut confier la réalisation de cette terrasse à un maçon.

Matériel : pavés, ciment, sable, gravier, treillis métallique, blocaille.

Au contact du jardin

Profiter du jardin pour prendre l'apéritif ou partager un repas est l'un des charmes de la maison. Le dîner ou le déjeuner deviennent alors une fête, d'autant plus agréable que table et chaises reposent sur une surface plane !

À la belle saison, on aime vivre dehors. Une table et des chaises posées sur une terrasse apportent un confort très appréciable. Et quand la terrasse se trouve dans le prolongement de la maison, le bonheur est complet. Proche de la cuisine, cette terrasse est construite le long de la façade arrière de la maison. Elle prend ses aises à l'endroit où l'ombre est la plus importante, afin d'offrir suffisamment de place pour accueillir famille et amis autour de la table. Elle va ensuite en se rétrécissant, pour devenir une zone de transition vers le reste du jardin. Un muret la protège du jardin en surplomb.

Le charme de la pierre naturelle

Le revêtement choisi est en accord avec le reste du jardin. C'est la pierre naturelle de la région, qui a servi à monter le muret de soutènement et la maison. Elle se fond mieux dans le paysage et les risques d'éclatement dus au gel sont limités. Le long de la maison, des espaces non recouverts accueillent des rosiers grimpants et une vigne qui viennent habiller les murs, évitant que le décor ne soit trop minéral.

La pose en *opus incertum*

Plutôt que de recouper les pierres naturelles obtenues par délitage pour leur donner une forme régulière, on les a utilisées ici telles qu'elles sont sorties de la carrière. La pose se fait dans ce cas en *opus incertum*, c'est-à-dire un peu au hasard des formes des pierres. Quand la terrasse est au même niveau que le reste du jardin, mieux vaut réserver les plus grands blocs pour la bordure. La jonction n'étant pas parfaite entre les éléments, les trous doivent être bouchés avec de petites pierres. Essayez de bien les répartir pour que le résultat soit visuellement plus équilibré. Les joints de mortier viennent terminer le revêtement de cette terrasse.

MISE EN ŒUVRE

La pose des pierres se fait sur une chape de béton armé d'un treillis métallique, sur un lit de mortier. Avant de les sceller, faites une pose à blanc pour équilibrer les pierres et les joints. Évitez que ces derniers ne soient trop larges, ce n'est guère esthétique. Utilisez un maillet, une règle et un niveau pour que la surface soit horizontale, malgré les imperfections de la pierre. Le jointoiement se fait à l'aide d'une truelle langue-de-chat ; vous pouvez colorer le mortier pour qu'il soit en harmonie avec la pierre.

Matériel : pierres plates, ciment, sable, gravier, treillis métallique.

Une estrade au jardin

Ce havre de paix, à l'abri des regards, occupe un coin discret du jardin. Les végétaux qui l'entourent renforcent l'impression d'intimité qui s'en dégage. Un banc permet de profiter pleinement du calme de l'endroit.

Cette terrasse en bois est blottie au fond du jardin. Surélevée par rapport au niveau du sol, elle s'en détache plus pour former une île. La pose en chevrons des lames de bois crée une ambiance intimiste, renforcée par la présence de plantes hautes. Pour aborder cet espace, trois allées convergent, qui offrent un aspect rustique. Rejoindre cette terrasse suppose de laisser derrière soi la vie trépidante du reste de la maison pour aller à la rencontre du calme et de la sérénité. La peinture noire, qui blanchit quelque peu avec le temps, accroît encore cette sensation de passer dans un autre espace-temps.

LA CHALEUR DU BOIS

L'utilisation du bois suggère immédiatement un cadre naturel et chaleureux. Ce matériau s'associe parfaitement à la végétation, dont il semble être un complément. Le caractère lumineux et clair du bois brut, qu'il s'agisse de pin traité en autoclave ou de teck, est ici rendu plus discret par la peinture noire. Le vert des feuilles et le jaune des fleurs n'en ressortent que mieux. Le banc, lui aussi en bois, a été peint dans le même coloris pour ne faire plus qu'un avec son environnement. Le mini-jardin aquatique, réalisé dans une demi-barrique, apporte une touche zen. Lui aussi a été peint en noir pour se fondre dans l'ensemble.

UNE COULEUR QUI NE DOIT RIEN AU HASARD

Le montage des lames de bois n'est pas la solution la plus rapide. De longues lames parallèles auraient pu être posées d'une pièce, sur toute la largeur. Mais elles auraient alors entraîné le regard vers le fond du jardin, incitant le promeneur à ignorer la terrasse. Ici, les chevrons retiennent l'attention qui est focalisée au centre de ce podium. Cet espace de repos et de méditation semble ainsi concentrer l'énergie du lieu. Le choix de la peinture noire est un parti pris du propriétaire. Inspiré de l'esprit zen, il est propice à la méditation. Le rouge aurait été trop violent et le bleu trop lumineux et électrique. Ici, l'âme est en roue libre.

MISE EN ŒUVRE

La réalisation de cette terrasse est avant tout une question de patience. Elle nécessite en effet un important travail de découpe ! Les lames sont vissées sur des lambourdes posées sur des plots de béton. Auparavant, une bâche en PVC noir a été étalée pour empêcher la pousse des mauvaises herbes. Chaque lame a été découpée selon un angle de 45° pour former le chevron au centre de l'espace, puis vissée sur la lambourde centrale. Pour le bord extérieur, deux options sont possibles : couper les lames avant la pose ou le faire une fois toutes les lames posées, à l'aide d'une scie circulaire s'appuyant sur une règle. Cette seconde solution permet d'épouser plus facilement la réalité du terrain. Une planche de rive fixée sur le pourtour de la terrasse finit l'ouvrage en fermant l'espace.

Matériel : lames de pin traité en autoclave, planche de rive, lambourdes, plots de béton, vis en inox, bâche en PVC, peinture noire.

Le charme du bois brut

Ces tranches de bois posées à plat forment une terrasse originale, dont le pourtour ondulant se marie bien avec la végétation environnante. Le résultat est très rustique, mais en pleine communion avec la nature. Difficile, cependant, d'y installer un salon de jardin !

Que faire de l'arbre qui vient d'être abattu parce qu'il fallait aérer un peu le jardin ? Le débiter en tranches épaisses et s'en servir pour bâtir une terrasse ! Le résultat est surprenant, en parfaite symbiose avec l'environnement. Cette solution présente un seul inconvénient : si le tronc est issu d'un arbre au bois tendre, la durée de vie de la terrasse est limitée dans le temps… Mais si le principe vous intéresse, rien ne vous empêche d'utiliser des rondins traités en autoclave. Vous pouvez aussi opter pour des tranches d'essences réputées résistantes à l'humidité comme l'acacia ou le châtaignier. Pour les joints, vous avez le choix entre le sable ou le gravier. Le mortier est possible, mais déconseillé.

UN GRAND PAS JAPONAIS…

Le principe de cette terrasse est le même que celui des pas japonais. Seule différence : le sentier étroit s'est mué, ici, en une large place ! Pour qu'une telle construction résiste au piétinement, chaque tranche doit faire 15 à 20 cm d'épaisseur. Sinon, la rondelle se brisera en deux sous vos pas. La découpe se fait à la tronçonneuse, en prenant toutes les précautions qui s'imposent. La lame doit travailler aussi perpendiculairement au tronc que possible afin de débiter des rondelles aux faces horizontales et, dans l'idéal, parallèles. La pose n'en sera que plus aisée. Mais c'est plus facile à écrire qu'à faire…

ATTENTION AU CALEPINAGE

L'utilisation d'un arbre du jardin permet de disposer de tranches de diamètres très différents. Lors de la pose, faites en sorte que tous ces diamètres soient répartis aléatoirement sur la surface de la terrasse. Le résultat sera plus esthétique. Mettez de côté les plus petits diamètres ; ils vous serviront à remplir les trous entre deux grandes rondelles. Si vous en avez le temps, mais surtout le courage, donnez quelques coups de scie dans plusieurs directions sur la face visible de chaque rondelle. C'est un peu moins beau, mais ces marques ont l'avantage de rendre votre terrasse moins glissante par temps humide.

MISE EN ŒUVRE

Après avoir creusé une excavation sur toute la surface de la terrasse, étalez un lit de sable et de gravier en mélange. Posez les rondelles à plat, les unes à côté des autres, en mélangeant les diamètres. Assurez-vous que leur surface est bien horizontale et de niveau. La hauteur finale de la terrasse doit se trouver légèrement au-dessus de la surface du jardin pour éviter que l'eau ne vienne l'envahir. Remplissez les espaces entre les rondelles avec un mélange de sable et de gravier. Tassez avec les pieds, puis complétez s'il le faut. Finissez les joints à l'aide d'un balai. Pour éviter que les pièces périphériques ne se déplacent, ceinturez l'ensemble avec un bandeau de mortier.

Matériel : rondelles de tronc, sable, gravier, ciment.

Un belvédère

Installée sur un terrain en pente, devant la maison, cette terrasse offre un large espace dominant la rivière qui serpente au pied de la propriété. Un bassin carré, au centre, prend le contre-pied de la nature volubile qui l'entoure.

LA PIERRE RECONSTITUÉE

Des dalles carrées, en pierre reconstituée, ont été utilisées pour le revêtement de cette terrasse. Afin de rompre la monotonie d'une pose régulière sur une aussi grande surface, elles ont été posées en losange sur la partie droite de la terrasse. L'effet obtenu est très esthétique et les lignes formées par les dalles entraînent le regard vers la rivière. La terrasse n'en paraît que plus grande. La présence de plantes en pots permet de briser le caractère minéral, un peu froid et austère, de cette composition ; elle participe aussi activement à la rupture des lignes de fuite, tout comme le massif d'arbustes, en bordure extérieure.

LE BASSIN, CENTRE DE VIE

Carré et installé au centre de la terrasse, le bassin anime le lieu par ses plantes aquatiques et la musique d'un jet d'eau. Profond d'une quarantaine de centimètres, son emplacement a été réservé avec un coffrage en bois lors du coulage de la chape de béton. Il occupe exactement la largeur de trois carreaux en pierre reconstituée. Attention aux cotes lors de la réalisation de la dalle… Son étanchéité est assurée par du caoutchouc synthétique. Un carrelage en faïence vient habiller son pourtour. Le câble d'alimentation électrique a été dissimulé dans la chape pour une plus grande discrétion.

Voilà un merveilleux promontoire pour profiter du paysage qui s'étend devant cette demeure. Une balustrade en bois permet à chacun de contempler en toute sécurité la rivière et la vie qui l'accompagne. C'est là un extraordinaire poste d'observation. Quelle perspective ! L'aspect froid de la pierre reconstituée utilisée ici est équilibré par la présence d'arbustes plantés dans un bac intégré, au-dessus du vide. Cette barrière végétale invite à regarder plus loin. Un carré de pelouse, côté maison, grignote le revêtement et adoucit la terrasse. Des plantes en pots apportent des touches de couleur. Et le bassin rappelle l'eau de la rivière.

MISE EN ŒUVRE

La pose des dalles de pierre reconstituée n'est pas compliquée en elle-même. Elle se fait sur un lit de mortier. Les joints sont ensuite scellés au mortier. Les coupes en diagonale s'effectuent avec un ciseau et une massette. L'utilisation d'une meuleuse à disque est plus sûre et plus rapide. Le plus compliqué reste la réalisation de la chape. Sur un terrain en pente, le recours à un professionnel est obligatoire, même si la terrasse vient occuper le dessus d'un bâtiment existant. La pose de la rambarde mérite aussi beaucoup d'attention car elle doit être solidement fixée.

Matériel : dalles en pierre reconstituée, carreaux en faïence, rambarde en bois, ciment, sable, caoutchouc synthétique.

Béton brut, pavés de granite ou de pierre reconstituée, brique, éléments en pierre reconstituée, pierre naturelle, bois, dalles de béton, galets, carrelage... les matériaux ne manquent pas pour réaliser une terrasse. Sans oublier ceux qui sont détournés de leur fonction. Rien ne vous empêche d'associer plusieurs matériaux, mais sachez garder la mesure, afin que le résultat ne paraisse pas surchargé.

1. LE SOL DE CETTE TERRASSE EST CONSTITUÉ DE PAVÉS CARRÉS EN BÉTON POSÉS SUR UN LIT DE SABLE, PUIS JOINTOYÉS AVEC DU SABLE TASSÉ AU BALAI. À LA LONGUE, DE LA MOUSSE OU DU GAZON PEUT SE DÉVELOPPER ENTRE LES PAVÉS.

2. DES BRIQUES POSÉES DEUX PAR DEUX SUR UN LIT DE SABLE ALTERNENT D'UN CARRÉ À L'AUTRE. LES VÉGÉTAUX QUI POUSSENT DANS LES JOINTS DONNENT À L'ENSEMBLE UN ASPECT PLUS VIVANT.

3. VOILÀ UNE TERRASSE ORIGINALE AVEC SES BAMBOUS DE GROS DIAMÈTRE ATTACHÉS À UNE SOLIVE PAR DE LA FICELLE. LE RÉSULTAT VAUT TOUTEFOIS PLUS POUR LE PLAISIR DES YEUX QUE POUR UNE UTILISATION RÉELLE !

TERRASSES & PATIOS

4. Agencer les galets dans un ordre précis pour obtenir un tel décor est un vrai travail de bénédictin ! Mais l'effort est récompensé à la vue du résultat final. Les galets sont posés sur un lit de mortier.

5. Plantée au milieu de la pelouse, cette terrasse en caillebotis de béton ressemble à s'y méprendre à une terrasse en bois naturel. L'avantage de ce revêtement est qu'il ne pourrira pas sous l'effet de l'humidité !

6. Cette terrasse en bois surplombant un bassin s'harmonise bien avec le décor végétal. Les lames en pin traité sont posées en diagonale sur des solives qui servent de charpente à l'ouvrage.

SAVOIR-FAIRE

Réaliser une terrasse en dur

Les techniques à mettre en œuvre pour construire une terrasse en dur dépendent étroitement des matériaux utilisés. Certaines interventions sont communes, comme le décaissement. Ensuite, il faut adapter les travaux au revêtement choisi.

La préparation et le décaissement

La première intervention consiste à décaper la terre végétale et à la mettre de côté. Elle servira à aménager les abords de la terrasse lorsque celle-ci sera terminée, ou à créer d'autres parterres dans le jardin. Ensuite, il faut prévoir un décaissement pour la fondation. Sa profondeur dépend du type de sol et du matériau qui sera utilisé. Sur un sol porteur, elle fera 10 cm. Sur des sols non porteurs (limon argileux, argile...), elle variera de 10 à 25 cm.
Une fois l'excavation réalisée, compactez le sol puis étendez un géotextile afin de bien retenir le lit de pose.
En cas de sol non porteur, étalez au préalable une couche de tout-venant d'une épaisseur de 5 à 15 cm, que vous compacterez elle aussi à la dame ou avec un outil à moteur ; après la pose d'un géotextile, la mise en place du revêtement peut commencer.

Lors de cette opération, créez une pente de 0,5 cm par mètre vers l'extérieur de la maison pour que les eaux de pluie s'évacuent naturellement. À chaque couche apportée, vérifiez que cette pente est bien respectée.

DRAINAGE ET ÉCOULEMENT DES EAUX

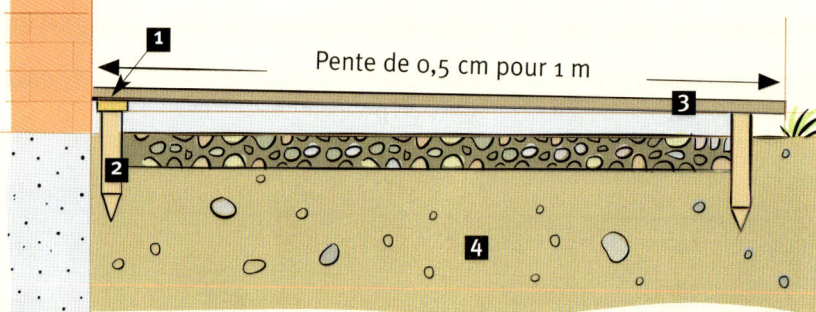

1 Cale de bois de 0,5 cm d'épaisseur **2** Piquet de nivellement **3** Pente de la terrasse **4** Terrain naturel

La pose sur sable

Elle concerne les pavés et les dalles en béton. L'épaisseur de sable varie de 3 à 7 cm selon les matériaux utilisés ; les éléments doivent être enfoncés de 1 cm environ pour que le pavage soit bien calé. Pour éviter que le sable ne migre sur un terrain un peu pentu ou trop arrosé, vous pouvez le stabiliser ; pour cela, mélangez à sec 100 kg de ciment avec 1 m³ de sable sec. Étalez le sable uniformément, avec une règle qui prend appui sur des planchettes servant de niveau.
La première rangée de dalles doit être parfaitement alignée avec un cordeau et une règle en aluminium, car elle servira de référence pour la suite du travail. On la pose le plus souvent du côté de la maison.
Prévoyez des joints de 2 mm au moins et contrôlez de temps à autre à la règle l'alignement des dalles dans les deux sens. Répartissez les écarts éventuels pour que les joints soient bien réguliers. Les rives seront bloquées par une butée (bordure ou béton). Le compactage se fait au fur et à mesure, à l'aide d'un chevron et d'un maillet.

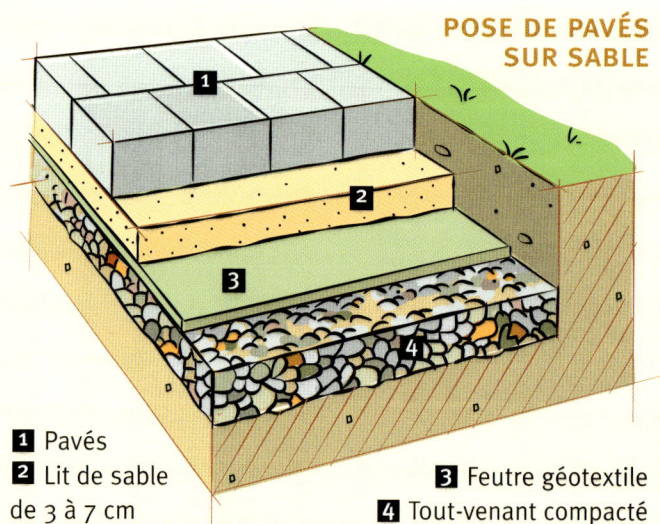

POSE DE PAVÉS SUR SABLE

1 Pavés
2 Lit de sable de 3 à 7 cm
3 Feutre géotextile
4 Tout-venant compacté

La pose des pavés est similaire. Les modèles qui disposent de distanceurs, ces petits bourrelets en béton présents à la base, se calent les uns contre les autres ; ceux qui en sont

TERRASSES & PATIOS

dépourvus doivent être posés avec un joint de 2 à 5 mm. Bloquez les rives avec des butées en béton ou des bordures scellées, et calez les pavés avec un chevron et un maillet, ou pour les grandes surfaces à l'aide d'une plaque vibrante.

Une fois la pose terminée, attendez quelques jours avant de remplir **les joints** avec du sable en vous aidant d'un balai de cantonnier ; arrosez légèrement pour assurer un tassement durable. Des sables additionnés de polymère permettent une meilleure stabilité des joints. Surtout, ils évitent la pousse de mauvaises herbes.

Enlevez un pavé pour installer une plante qui rompt la monotonie de la terrasse.

La pose scellée au mortier

Cette technique est la seule possible pour la pierre, naturelle ou reconstituée. Sur une couche de tout-venant bien tassé, étalez un lit de mortier maigre (3 doses de sable pour 1 dose de ciment) de 4 à 5 cm d'épaisseur ; égalisez-le à l'aide d'une règle, en compactant et talochant au fur et à mesure de l'avancement.

Répandez ensuite une barbotine de ciment pur (mélange de ciment et d'eau légèrement épais) sur la chape de mortier pour favoriser l'adhérence et consolider le scellement des dalles. Celles-ci se posent par rangée, quand le mortier est encore frais, en respectant un joint de 5 à 15 mm entre elles. Vérifiez et rectifiez en permanence leur niveau avec un maillet et un chevron.

Les joints de moins de 10 mm de largeur peuvent être réalisés avec une barbotine de ciment pur. Les autres exigent un mortier (1 sac de ciment pour 5 à 6 seaux de sable). Vous pouvez aussi utiliser un mortier de jointoiement prêt à l'emploi. Étalez le produit avec une raclette en caoutchouc et éliminez les excédents avec de la sciure, quand les joints sont secs. Prévoyez également des joints de dilatation à espaces réguliers ; vous les boucherez avec un mastic polyuréthane pour éviter les infiltrations d'eau.

Une autre technique plus simple consiste à remplacer la chape par des **plots de mortier colle,** placés aux quatre angles et au centre de chaque dalle. Il faut alors appuyer fortement sur cette dernière pour la mettre au niveau désiré et bien écraser les plots : le mortier colle s'étalera sous la dalle pour former une chape plus ou moins continue.

Le remplissage des joints se réalise avec du sable blanc et sec. Une finition avec un joint de mortier est également possible. En essuyant le joint avec une éponge humide, vous obtiendrez un joint en creux de 1 mm.

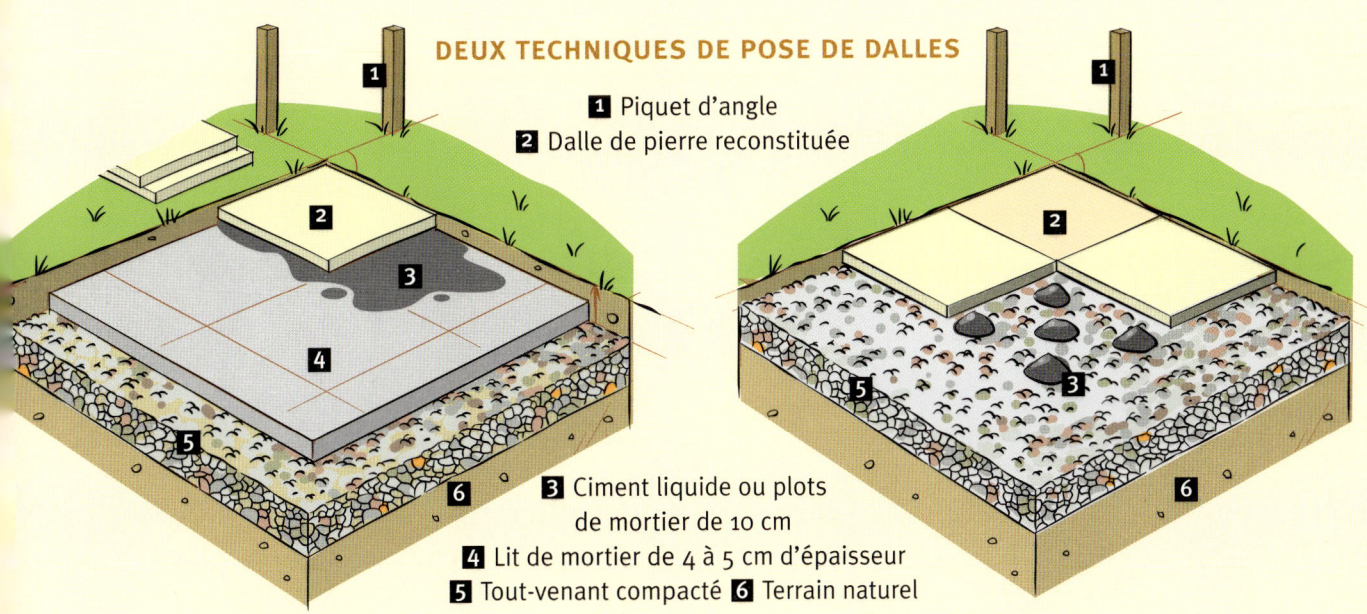

DEUX TECHNIQUES DE POSE DE DALLES

1. Piquet d'angle
2. Dalle de pierre reconstituée
3. Ciment liquide ou plots de mortier de 10 cm
4. Lit de mortier de 4 à 5 cm d'épaisseur
5. Tout-venant compacté
6. Terrain naturel

SAVOIR-FAIRE

Construire une terrasse en bois

La construction d'une terrasse en bois est désormais accessible grâce aux produits mis à la disposition des amateurs. Les solutions techniques proposées sont simples à mettre en œuvre. Le traitement des bois a également fait des progrès, ce qui permet de les exposer plus longuement aux intempéries.
Évitez les bois exotiques qui participent à la déforestation des régions tropicales.

Les caillebotis, une solution simple

Les caillebotis sont des dalles en bois prêtes à poser qui permettent de créer rapidement une terrasse. Ils se composent de lattes vissées ou agrafées sur des traverses servant de support. Ces dalles sont le plus souvent carrées, parfois rectangulaires, hexagonales ou en arc de cercle.

L'épaisseur des lattes doit être de 2 cm au moins, soit une épaisseur totale de 4 cm. Préférez les modèles à trois traverses, plus stables et sans porte-à-faux. Vérifiez par ailleurs que l'assemblage est réalisé avec des vis ou des clous protégés de la corrosion (acier inoxydable, acier galvanisé à chaud ou zingué).

La pose des caillebotis dépend étroitement de la nature du support qui les accueille. Mieux vaut utiliser des modèles encastrables qui assurent une meilleure stabilité globale du plancher. À défaut, réunissez les plaques trois par trois à l'aide de tasseaux cloués dessous.

La pose sur sable, simple et rapide, s'apparente à celle des pavés autobloquants.

Préférez cependant **la pose sur lambourdes** qui évite le pourrissement trop rapide du bois. Ces lambourdes sont fixées sur des plots en béton ou posées sur des plots en plastique réglables en hauteur.

Sur une surface dure et plane, comme une dalle de béton, les caillebotis se posent directement sur le sol.

Quel bois choisir ?

Le bois le plus utilisé est le pin du Nord. Traité en autoclave, il est garanti 10 ans contre les agressions extérieures, mais un entretien régulier s'impose.

Les bois exotiques présentent l'intérêt d'être durs et imputrescibles, mais leur exploitation n'est pas toujours raisonnée. Le teck est le plus connu. Le bangkiraï est une bonne alternative. D'autres essences existent.

Un nouveau matériau est maintenant disponible : le bois rétifié. Traité à haute température, il résiste sans produit chimique à toutes les agressions. Mais son coût en fait encore un produit haut de gamme.

Autre matériau promis à un bel avenir : le bois composite. Il s'agit d'un mélange de particules de bois et de polyéthylène haute densité qui assure une bonne résistance à l'humidité. Garanti 25 ans, il s'utilise comme un bois classique dont il reprend les formes.

POSE DE CAILLEBOTIS

1. Caillebotis
2. Lit de sable de 3 à 7 cm
3. Feutre géotextile
4. Terrain naturel

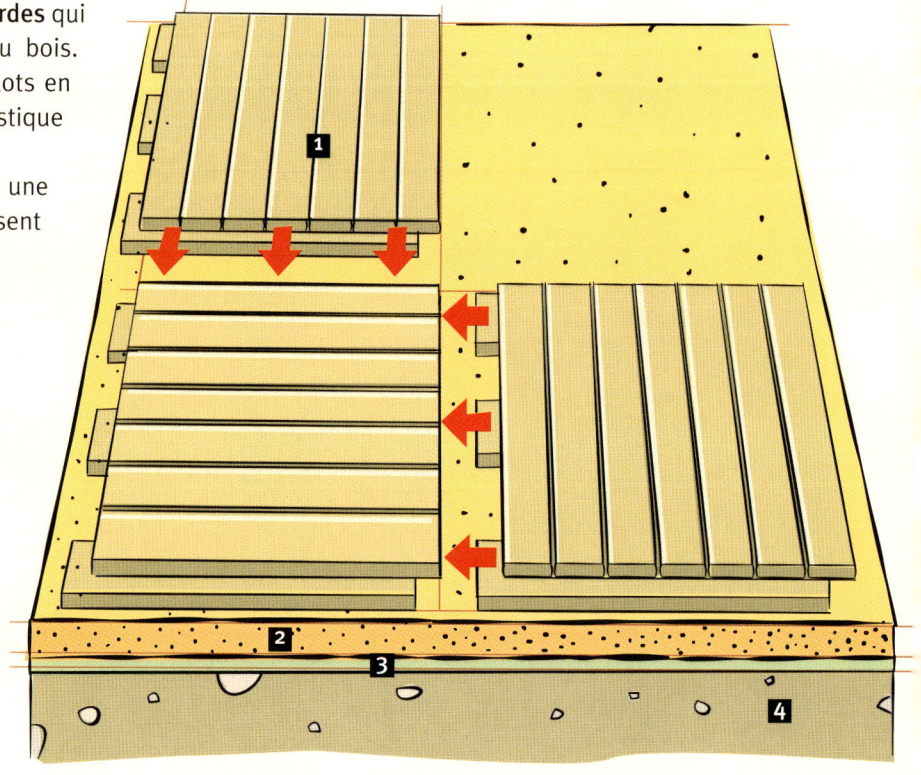

Les lames, pour du « sur-mesure »

Un parquet de jardin donne une touche plus chaleureuse et plus originale à une terrasse. Il offre également l'avantage de pouvoir s'adapter parfaitement à votre créativité ou à la configuration des lieux, et permet d'intégrer facilement un obstacle, comme un arbre. Les longues lames se prêtent à plus de fantaisie en jouant sur les perspectives, les niveaux, l'orientation des lames.

Les lames sont vendues rabotées sur les quatre faces et leurs angles sont chanfreinés afin d'éviter que l'on se blesse les pieds. La face extérieure est souvent finement rainurée pour offrir une surface antidérapante quand il pleut. Mais pour que cela reste efficace, il faut régulièrement les nettoyer afin d'éliminer les poussières qui s'incrustent.

En standard, l'épaisseur est de 22 ou 36 mm pour une largeur de 95, 122 ou 145 mm ; évitez les lames plus minces, trop fragiles. La longueur varie de 1,50 à 2,50 m, voire plus.

Les lames de plancher **se fixent sur des chevrons ou des lambourdes.** Ces supports doivent être scellés tous les 40 cm, sur des plots de béton ou en plastique répartis régulièrement, pour éviter le contact avec le sol et favoriser l'aération. Les plots sont posés sur une chape ou sur du film PVC étendu à même le sol. Chaque lame est ensuite fixée par deux vis, en laiton ou en acier inoxydable, placées à quelques centimètres du bord extérieur. Mettez toutes vos lames dans le même sens. Enfoncez bien les vis pour ne pas vous blesser ensuite, quand vous marcherez pieds nus… Lors du montage, laissez un jour de 3 à 8 mm entre les lames ; ainsi, l'eau et l'air circuleront librement et le bois pourra se dilater. Sciez le bout des lames pour les adapter aux obstacles et en épouser parfaitement le contour.

POSE D'UN PARQUET DE JARDIN SUR CHAPE

1 Plancher **2** Lambourdes **3** Plots de ciment **4** Béton **5** Tout-venant **6** Terrain naturel

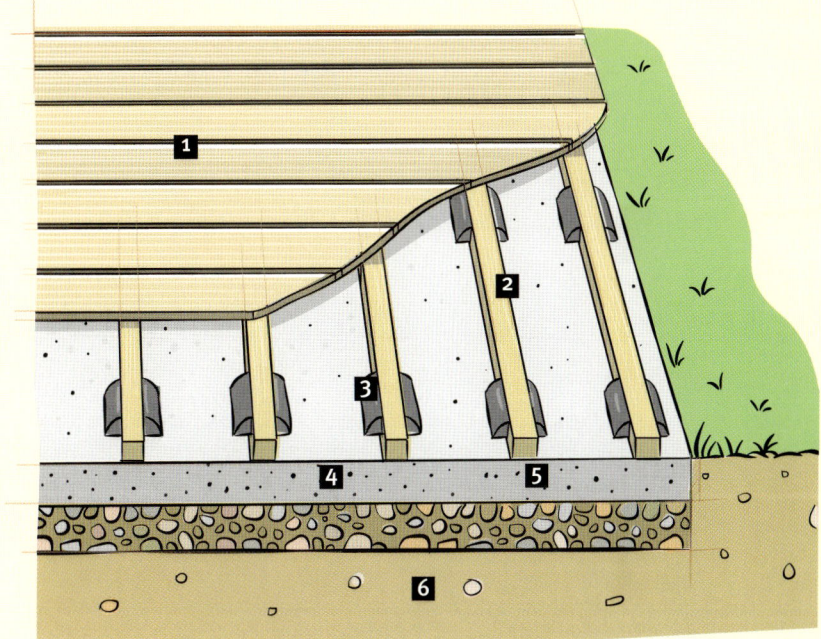

POSE D'UN PLANCHER DIRECTEMENT SUR LE SOL

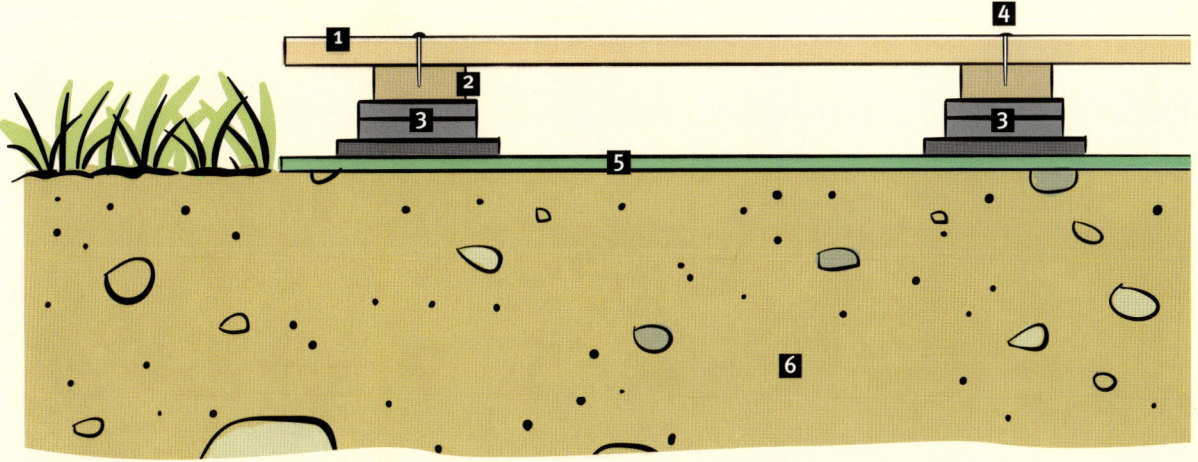

1 Plancher **2** Lambourdes **3** Plots en plastique ajustables en hauteur **4** Vis **5** Film PVC **6** Terrain naturel

ALLÉES & CHEMINEMENTS

ALLÉES & CHEMINEMENTS

Rectilignes ou tout en courbes, larges ou étroites, continues ou en pointillés, les allées savent varier à l'infini formes et matériaux. Au-delà de leur rôle fonctionnel – permettre à chacun de se déplacer facilement et aisément dans le jardin –, elles jouent un rôle esthétique de premier ordre. Un cheminement rectiligne attire le regard vers son extrémité. À l'opposé, un parcours sinueux invite à la flânerie et à la découverte des plantes installées de part et d'autre de l'allée. Les matériaux sont également très importants et, tout autant que le tracé, doivent s'accorder avec le style général du jardin et de la maison : une allée dallée, géométrique et épurée convient mieux à un jardin de ville, tandis que des traverses de chemin de fer se marient bien avec un jardin de campagne. Bien concevoir une allée est donc primordial pour la réussite globale de son propre jardin. ■

Double page précédente : à gauche, cette allée en large courbe incite à prendre son temps pour contempler le fond du jardin. À droite, ce pas japonais assure la transition entre massif et pelouse.

Ci-contre : ces caillebotis en pin traité, posés sur des graviers, assurent le cheminement des visiteurs au travers d'une végétation luxuriante.

Une incitation à flâner

Étroite et sinueuse, cette allée qui se perd au milieu des arbustes et des fleurs invite à aller découvrir les plantes. Le matériau fait penser au lit d'une rivière qu'il faudrait emprunter.

Étroite et intimiste, cette allée se fond dans la végétation. Son parcours sinueux apporte du volume au jardin : le promeneur a l'impression d'évoluer dans un grand parc alors que la scène est peu étendue. Une telle construction convient parfaitement aux petits jardins de ville auxquels elle donne de la majesté. Les limites floues entre l'allée elle-même et les plantes installées de chaque côté lui confèrent également un aspect naturel et champêtre très agréable dans un univers urbain. Ce cadre invite au rêve et à la méditation.

Le charme du matériau

Le bleu des débris d'ardoise se marie à merveille aux verts de la végétation printanière. La tonalité froide du revêtement met en valeur fleurs et plantes. Les nombreux morceaux irréguliers qui le composent apportent une note graphique très appréciable tandis que l'aspect rigide et tranchant de l'ardoise s'adoucit au contact des plantes. Ce matériau présente en outre le précieux avantage de servir d'accumulateur de chaleur dès que le soleil brille dans le ciel. Il favorise ainsi la croissance des végétaux et limite considérablement les conséquences des gelées printanières. Sans oublier le « bruit » que ces paillettes font sous chaque pas…

La simplicité de mise en œuvre

Livré en sacs de 25 kg ou en « big bag » de 1 m^3, ce matériau est désormais facile à se procurer. Sa mise en place est très simple puisqu'il suffit de l'étaler à même le sol, que l'on aura toutefois pris soin de recouvrir d'une couche de géotextile. La présence de fragments de différentes tailles évite la monotonie. La végétation vient ensuite coloniser les bordures pour intégrer l'ardoise dans un ensemble harmonieux.

MISE EN ŒUVRE

Pour maintenir les paillettes d'ardoise en place, mieux vaut creuser l'emplacement de l'allée sur 5 à 10 cm de profondeur pour créer une légère excavation. La terre ainsi recueillie pourra garnir les massifs avoisinants. La pose d'un géotextile évite de « perdre » des morceaux d'ardoise dans le sol tout en consolidant l'allée. Il ne reste plus qu'à étaler le paillis avec un râteau.

Matériel : géotextile, paillis d'ardoise.

Une allée buissonnière

Serpentant en sous-bois, cette allée invite à aller voir ce qu'il y a dans la clairière, au fond de la propriété. Des marches à peine marquées rendent plus confortable la légère déclivité.

Cette allée sinueuse épouse les contraintes du terrain pour guider les pas du promeneur vers le fond du jardin. Elle prend soin de contourner les arbres et les rochers qui affleurent… à moins que ces derniers n'aient été posés volontairement pour créer des obstacles et éviter que l'on ne chemine tout droit. Cette conception apporte une touche très naturelle à ce jardin champêtre. Les murets et bambous, qui matérialisent les bordures, laissent les plantes déborder largement pour accentuer l'aspect rustique de l'ensemble. La pente naturelle, compensée par de larges marches, invite à musarder à son propre rythme.

Un aspect très naturel
Cette allée s'intègre parfaitement à son environnement grâce aux matériaux utilisés : des écorces de pin, des pavés et des grosses cannes de bambou. Les pavés forment des nez de marche très bas qui se répartissent régulièrement au fil de l'allée. Ils constituent autant de « barrières » qui engagent le promeneur à ralentir inconsciemment le pas et à regarder où il pose les pieds. Il profite ainsi pleinement du paysage.

Des bordures discrètes
Les bordures très basses assurent le maintien des matériaux de l'allée, mais savent se faire discrètes pour se laisser conquérir par la végétation avoisinante comme les hostas, les buis et les bruyères. Des cannes de bambous posées sur les côtés de l'allée servent de guide visuel tout en apportant un peu de rigueur à l'ensemble.

Un tapis d'écorces
Pour éviter que les écorces ne finissent par disparaître en s'enfonçant dans le sol, mieux vaut placer au fond de l'excavation un morceau de géotextile. Celui-ci laissera passer l'humidité tout en retenant les fragments d'écorces. La couche restera stable, même si ce revêtement peut aussi être déplacé par le jardinier lui-même ou les animaux. Une fois par an, mieux vaut « recharger » chaque marche avec des écorces neuves. Quant aux pavés, ils sont scellés avec du mortier, le nez de marche étant consolidé par un joint. Même chose pour les bordures, que l'on peut toutefois réaliser en béton puisqu'elles disparaissent sous la végétation.

MISE EN ŒUVRE
Pour bien asseoir cette allée afin qu'elle reste stable au fil des ans et des utilisations, un lourd travail de terrassement s'impose. La mise en place de la fondation et la réalisation des marches se révèlent également fastidieuses. Faites plutôt appel à un professionnel dont l'expérience et l'équipement s'avéreront beaucoup plus efficaces…

Matériel : ciment, sable, blocaille, géotextile, pavés, écorces de pin.

La rigueur du trait

La disposition rigoureuse des matériaux, en lignes parallèles, entraîne le regard vers le fond du jardin. C'est une invitation à hâter le pas pour aller d'une zone à une autre du jardin.

Cette longue allée rectiligne engage celui qui l'emprunte à accélérer le pas, encouragé inconsciemment par les lignes de fuite parallèles. Une allée rigoureuse et géométrique telle que celle-ci ne peut se concevoir que dans un grand jardin. Son environnement est naturellement dépouillé, comme cette large pelouse ponctuée de quelques massifs plantés de rosiers. Mais dès que le jardin se fait plus dense, l'allée devient une placette ornée d'un motif en croix. Ce dessin conduit le promeneur à ralentir le pas. La poterie, qui accueille une euphorbe, invite à marquer un temps d'arrêt. Cette allée convient à un grand jardin à la française, aux formes géométriques.

DES MATÉRIAUX COMPLÉMENTAIRES

La richesse de cette allée tient à la juxtaposition de briques, classiques, et de dalles de béton, modernes. Les premières apportent la tonalité chaude d'un matériau naturel. Les secondes s'adoucissent avec le temps, quand la patine les fait un peu grisailler.

L'ART DU CALEPINAGE

La mise en scène de ces deux matériaux joue un rôle déterminant dans le résultat final. Ce « calepinage » ne doit rien au hasard, et mieux vaut ne pas s'écarter du dessin initial pour obtenir un bel effet graphique qui guidera le regard. La rupture du motif avec, sur l'avant-scène, des briques posées en croix crée un effet de seuil et évite que la monotonie ne s'empare du décor. Ce type d'allée, installée entre l'entrée du jardin et la maison, invite les visiteurs à se rapprocher rapidement de leurs hôtes.

UNE POSE UN PEU TECHNIQUE

Briques et dalles de béton requièrent une base bien stabilisée et sont scellées avec du mortier. La réalisation de l'allée rectiligne est plus simple car les matériaux se posent en l'état. Les briques sont disposées soit longitudinalement, au centre de l'allée, soit transversalement, sur les bords, pour mieux maintenir l'ensemble. Les dalles sont installées bord à bord. La configuration de la placette impose de tailler briques et dalles. L'opération est délicate car elle entraîne de la casse tant que l'on n'a pas acquis le coup de main…

MISE EN ŒUVRE

Construire une telle allée suppose de manipuler beaucoup de terre et de matériaux, puis de prévoir de longues heures pour poser les briques et les dalles, et enfin réaliser les joints. En avez-vous le temps ? Confier cette réalisation à un paysagiste s'avère souvent la solution la plus sage car il a l'expérience, le savoir-faire et le matériel pour exécuter rapidement le chantier.

Matériel : ciment, sable, blocaille, briques, dalles.

À l'orientale

Des pas japonais réalisés avec des pavés engagent le promeneur à emprunter ce cheminement pour atteindre la terrasse qui l'attend au bout.

Un pas japonais, constitué de « pierres » posées à espaces réguliers, permet de franchir une pelouse sans se mouiller les pieds dans l'herbe humide de rosée. La ligne sinueuse ainsi formée offre en outre un intérêt esthétique à une vaste pelouse uniformément verte. Ce type de cheminement s'adapte à toutes les tailles de jardin. Mais plus celui-ci est grand, plus le tracé doit être réfléchi afin que la dimension esthétique soit préservée. On peut pour cela intervenir sur le tracé, mais aussi sur le matériau utilisé et sur la taille et la forme des pas. Le choix est vaste, de la simple pierre, naturelle ou reconstituée, à des constructions plus sophistiquées, comme ces bandes de pavés.

Un principe simple

Le pas japonais consiste à poser sur le sol des dalles, régulières ou non. Le gazon finit par en recouvrir les bords, ce qui lui donne un air très naturel. La gamme de matériaux est large : pierre naturelle ou reconstituée, dalles de béton, bois, construction en pavés ou en brique… Avant de mettre les pas en place, définissez d'abord le résultat attendu. Comme pour toute allée, le tracé peut en effet être rectiligne ou bien suivre quelques méandres. L'espacement entre chaque pierre doit correspondre à une enjambée moyenne de ceux qui vont l'emprunter à un rythme nonchalant. Plus les pierres seront larges et mieux vous répondrez aux besoins – différents – des enfants et des adultes.

Une construction facile

La seule difficulté est d'assurer une bonne stabilité aux dalles. Après avoir posé les pierres là où elles seront installées, marquez leur contour avec une bêche. Déplacez la dalle puis retirez le gazon et la terre sur une profondeur de 5 à 6 cm. Étalez ensuite une couche de 2 à 3 cm de sable grossier. Posez la dalle puis imprimez-lui un léger mouvement de va-et-vient pour qu'elle soit bien en contact avec le sable. Avec une règle en bois, un niveau à bulle et une massette, assurez-vous qu'elle ne dépasse pas du sol. Vous éviterez ainsi les risques de chute. Pour les constructions en pavés ou en brique, creusez d'abord une excavation puis épandez une sous-couche stable. Scellez ensuite les matériaux avec du mortier.

MISE EN ŒUVRE

La mise en place est simple et à la portée de tout jardinier. Avec l'emploi de pas en pierre ou en béton, le tracé se modifie au gré des envies : il suffit de déplacer la pierre ou la dalle à un autre endroit et de ressemer du gazon sur l'ancien emplacement après avoir travaillé la terre.

Matériel : sable grossier, pierres ou dalles de béton.

Les allées peuvent prendre de multiples formes. La seule règle à respecter est qu'elles s'intègrent bien au reste du jardin, par leur forme et les matériaux utilisés. Si le jardin est assez grand, vous pouvez associer des styles complémentaires.

ALLÉES & CHEMINEMENTS

5. De grandes pierres plates sont posées à même le sol, en *opus incertum*. Leur épaisseur leur assure une bonne stabilité. Les joints sont libres.

1. Des pavés, posés sur un lit de terre et bordés de bambou, cèdent la place à du gravier et des pas en pierre naturelle. Une traverse de chemin de fer fait office de seuil entre les deux revêtements.

2. Ces pas japonais géométriques, faits de courts rondins assemblés sur un sol de cailloux blancs, tranchent avec le décor très naturel.

3. Les coques de noix valorisent les fleurs et servent aussi de système d'alarme ! Elles émettent un bruit audible de loin quand un visiteur les foule...

4. Voilà une très belle association de briques et de bois formant un ensemble chaleureux. Les briques changent de sens à chaque losange ou demi-losange. Elles reposent sur un lit de sable grossier.

SAVOIR-FAIRE

Installer une allée, des règles à respecter

Les allées ne sont pas que de simples voies de communication reliant deux points du jardin. Ces cheminements participent activement à la structure du schéma d'ensemble. La ligne droite n'est donc pas forcément la meilleure solution !

CETTE ALLÉE QUI SERPENTE DANS LE JARDIN EST RÉALISÉE AVEC DEUX MATÉRIAUX, DES PAVÉS EN BÉTON ET DES PIERRES NATURELLES, POUR APPORTER UNE TOUCHE ORIGINALE AU JARDIN.

Le bon tracé

Mal dessinée ou mal conçue, l'allée peut réduire à néant les efforts entrepris et perturber la vision globale du jardin. Le choix du tracé est primordial. Tout terrain comporte des chemins « naturels » qu'il faut savoir respecter. Le promeneur les emprunte instinctivement, inutile d'aller contre ce premier mouvement ! Mais cela ne doit pas vous empêcher de lui faire suivre des méandres ou des lacets pour augmenter visuellement l'espace ou pour amener doucement le visiteur vers une partie plus intime de votre univers. Gardez cependant à l'esprit que tout méandre doit trouver une justification, pour éviter que l'on ne prenne un raccourci en coupant au travers... Un obstacle s'impose : arbre, massif ou rocher.

La « vitesse » à laquelle le visiteur parcourt une allée est trop souvent négligée. Pourtant, elle a son importance : plus un lieu est vite traversé, plus il paraît petit ! Cela semble évident, mais on l'oublie presque toujours... Tenez-en compte lors du tracé de l'allée. Souvenez-vous que plus un lacet est large, plus le visiteur l'emprunte rapidement. *A contrario*, plus il est court, plus il ralentit le cheminement. Ne faites pas pour autant de votre allée une succession de virages serrés ! Sachez trouver le juste équilibre en préservant l'harmonie du jardin.

La bonne largeur

La largeur d'une allée n'est pas qu'une question d'optique. Plus un chemin est étroit, plus il incite celui qui l'emprunte à hâter le pas. Cette accélération est renforcée par la présence de plantes en abondance de chaque côté de l'allée. À l'inverse, une allée large et s'étalant en méandres paresseux engage à ralentir son allure. L'oppression est moins importante : le visiteur se sent autorisé à flâner.

Tout l'art consiste à **adapter la largeur de l'allée à l'environnement** du jardin, à chaque endroit traversé. Pour que deux personnes se croisent ou cheminent de front sans encombre, l'allée doit faire au moins 1,20 m de large.

Le bon matériau

Le revêtement du sol joue un rôle non négligeable dans la réaction du promeneur. Une allée bétonnée ou asphaltée, d'aspect lisse, semble si « fluide » que celui qui l'emprunte se sent l'envie de marcher plus vite ! À l'inverse, un revêtement fait de galets ou de pavés irréguliers provoque un net ralentissement. Probablement parce que le sol étant plus rude, on a le sentiment qu'il vaut mieux regarder où l'on pose les pieds.

La disposition de certains matériaux intervient également dans la fluidité de la circulation : des briques posées dans le sens de la marche poussent à accélérer le pas ; installées perpendiculairement, elles le freinent ! Les pavés et les revêtements en bois, voire une association de deux ou plusieurs matériaux, provoquent un effet similaire, sans doute parce que le regard est attiré par le motif ainsi dessiné sur le sol. Le phénomène est le même quand des plantes débordent sur l'allée.

Les techniques de pose

Le choix dépend à la fois de l'intensité de la circulation sur l'allée, de la longueur du chemin, de votre capacité à maîtriser une technique et du temps dont vous disposez.

La pose sur béton

• **Réaliser un coffrage**

Délimitez la surface de votre allée à l'aide de cordeaux. Creusez ensuite une excavation sur 20 cm de profondeur pour atteindre une surface stable. Placez alors des piquets de nivellement tous les mètres. Enfin, clouez des planchettes sur la face intérieure de ces piquets pour former le coffrage de votre fondation.

Si l'allée est rectiligne, utilisez des planchettes droites de 1 cm d'épaisseur environ. Si le dessin comporte des courbes, servez-vous de planchettes plus fines et plus souples qui épousent les formes de votre allée. Avec une longue règle et un niveau, assurez-vous régulièrement que le sommet des planchettes se trouve toujours à la même hauteur.

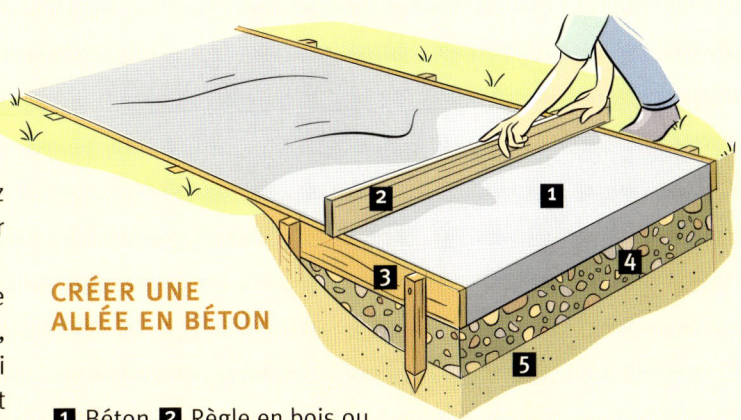

CRÉER UNE ALLÉE EN BÉTON

1 Béton **2** Règle en bois ou en métal **3** Planche de coffrage **4** Tout-venant **5** Terrain naturel

• **Travailler par petites surfaces**

Préparez des sections de 4 m de long au maximum en posant des planchettes perpendiculaires au coffrage. Ces surfaces plus petites seront plus faciles à travailler. Étalez au fond de chaque section du tout-venant sur 10 cm d'épaisseur et tassez avec une dame. Coulez enfin le béton sur les 10 cm restants, en le poussant jusque dans les coins. Avec une planche de la largeur du coffrage, égalisez la surface et lissez-la par un mouvement de va-et-vient.

• **Une allée en béton**

La hauteur du coffrage doit dans ce cas être alignée sur le reste de la surface du jardin.

Une taloche en acier ou en plastique assure **une finition** totalement lisse, mais qui peut se révéler glissante par temps de pluie. Une planche en bois apporte une finition plus grossière et plus « rugueuse ». Un balayage avec un balai à fibres de coco donne une finition originale : le passage du balai, quand le béton est ni trop humide, ni trop sec, se fait le plus souvent perpendiculairement à la longueur ; le résultat est un « béton balayé ». Une fois l'ensemble totalement sec, vous pouvez enlever le coffrage.

• **Une allée en pavés ou en briques**

Le lit de béton servant simplement de chape de fondation, il faut prévoir la hauteur du matériau de finition.

La finition de cette chape plus basse se fait avec un gabarit adapté, qui prend appui sur le haut du coffrage. Vous n'avez plus qu'à poser les pavés, briques ou éléments en béton ou en pierre reconstituée avant que le béton ne soit totalement sec. Aidez-vous de cales en bois pour obtenir des joints réguliers.

Une fois la pose terminée, étalez du mortier sec sur toute la surface et faites-le rentrer dans **les joints** avec un balai. Tassez éventuellement en vous servant d'un petit morceau de bois. Si le temps est humide, le mortier prendra de lui-même. Si le temps est sec, arrosez avec une pomme fine pour accélérer la prise du mortier.

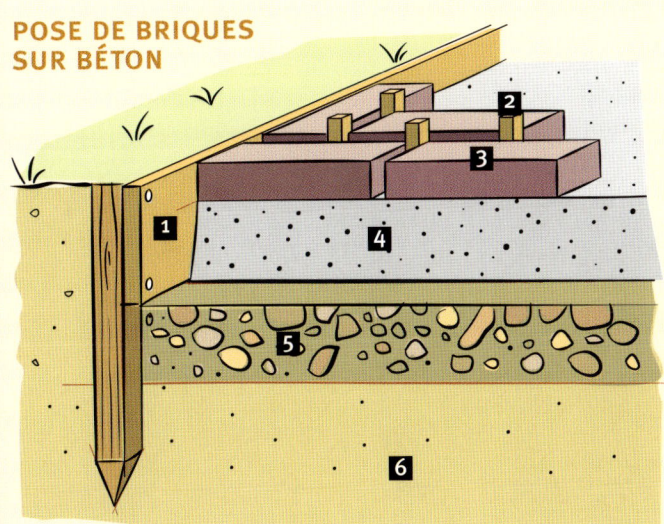

POSE DE BRIQUES SUR BÉTON

1 Hauteur du coffrage = hauteur du béton + briques ou pavés **2** Cales en bois **3** Briques ou pavés **4** Béton **5** Tout-venant **6** Terrain naturel

SAVOIR-FAIRE

• **Une allée en dalles**
Pour les dalles ou les pierres naturelles plates, la pose se fait sur une chape en béton, comme précédemment. Étalez ensuite, sur le béton, des bandes de mortier de 3 à 5 cm d'épaisseur, correspondant aux côtés de la dalle à poser. Sous chaque dalle ou pierre mesurant plus de 45 x 45 cm déposez aussi du mortier en croix. Posez ensuite la dalle et assurez-vous qu'elle est bien alignée en tapant avec un maillet ou avec la base du manche d'un marteau. Vérifiez que la dalle est horizontale avec une règle et un niveau, et utilisez des petits tasseaux pour obtenir un joint régulier. Ne marchez pas sur les dalles tant que le mortier n'est pas sec. Ce sera alors le moment de combler **les joints** avec un mortier, peu mouillé pour éviter de tacher les dalles. Passez un fer à joint pour une meilleure finition, puis arrosez en pluie fine pour mouiller le mortier et accélérer sa prise.

Matériaux concernés : pavés en pierre naturelle, en pierre reconstituée ou en béton, briques, dalles en béton, galets...

Attention aux installations souterraines !
Avant de porter le premier coup de pioche en terre, assurez-vous qu'il n'y a aucun réseau d'alimentation en eau, de reprise des eaux usées ou de passage de câbles électriques ou téléphoniques dans le sol. Des normes imposent de les enfouir au moins à 40 cm de profondeur. Mais dans la réalité, les tranchées sont souvent beaucoup moins profondes qu'elles ne devraient l'être... En cas de doute, soyez prudent !

La pose sur sable
• **Préparer la fondation**
Comme pour la pose sur béton, commencez par tracer l'allée puis par creuser une excavation sur une quinzaine de centimètres. Apportez du tout-venant sur 7 à 9 cm et tassez-le bien avec un compacteur. L'avantage de cette technique est que l'allée est facile à défaire et à refaire si besoin est.

• **Installer les bordures**
Les bordures sont obligatoires car ce sont elles qui vont maintenir les matériaux en place. Vous pouvez les réaliser avec des plaques de béton scellées sur place, des planches en bois traité amarrées par de solides piquets en bois, mais aussi des briques scellées sur un lit de mortier ou des accessoires spécifiques en pierre reconstituée proposés avec le revêtement.

• **Poser sur un lit de sable**
Étalez une couche de 5 à 8 cm de sable sur le lit de tout-venant compacté. À titre indicatif, le haut de la couche de sable doit se trouver à 4,5 cm sous le niveau final du pavage pour des matériaux de 6 cm d'épaisseur.
Posez les pavés un à un et enfoncez-les dans le sable à l'aide d'un maillet. Vérifiez leur bonne horizontalité avec

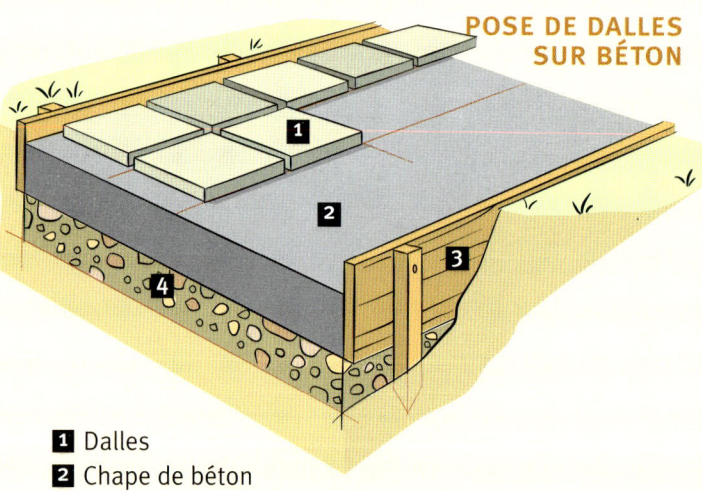

POSE DE DALLES SUR BÉTON
1. Dalles
2. Chape de béton
3. Planche de coffrage
4. Tout-venant

CETTE ALLÉE ASSOCIE DES DALLES EN PIERRE RECONSTITUÉE ET DES BRIQUES AFIN D'ANIMER L'ESPACE.

ALLÉES & CHEMINEMENTS

POSE DE PAVÉS OU DE BRIQUES SUR SABLE AVEC DEUX TYPES DE BORDURES

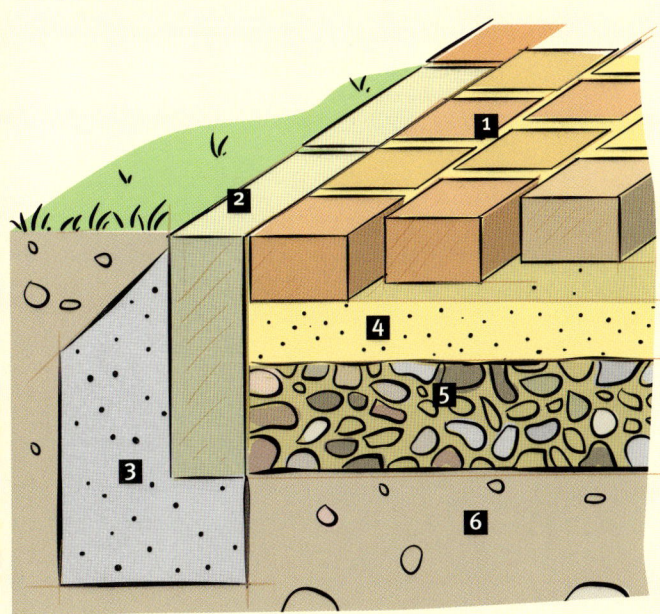

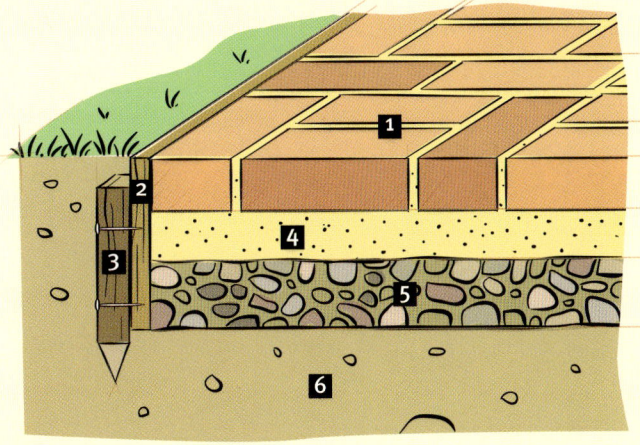

1 Pavés ou briques avec joints de sable **2** Bordure de pierre ou planche clouée sur un piquet **3** Fondations en béton ou piquet dans la terre maintenant la bordure en bois **4** Sable **5** Tout-venant **6** Terrain naturel

une règle et un niveau. Travaillez par sections de 1 m² environ si vous devez apparier les éléments suivant un dessin (calepinage) particulier.
Ne marchez jamais sur le sable. Et si vous devez monter sur les pavés, couvrez-les toujours d'une planche pour mieux répartir votre poids.

• **Réaliser les joints**
Une fois tous les pavés posés, remplissez les joints avec du sable très fin, en vous aidant d'un balai. Arrosez pour bien faire pénétrer le sable entre les éléments. Il existe aussi un sable spécifique qui fait office de « mortier » une fois en place, sous l'effet de l'humidité.
Matériaux concernés : pavés en pierre naturelle ou reconstituée, briques, pavés autobloquants…

La pose d'agrégats
• **Éviter les pertes**
Faciles à utiliser et assez bon marché, les graviers ont une fâcheuse tendance à s'éparpiller dans le jardin ou à disparaître dans le sol si vous n'y prenez garde.
Une bordure en dur est recommandée pour les maintenir en place. Suivant le profil de l'allée, il s'agira de plaques en béton, de briques scellées, de planchettes en bois traité, de traverses de chemin de fer…

• **Assurer l'assise**
Mieux vaut réaliser une bonne fondation pour que l'allée reste viable dans le temps. Creusez une excavation de 15 à 20 cm de profondeur. Remplissez-la de tout-venant sur 10 cm et tassez bien. Posez une couche de non-tissé ou de géotextile. Ajoutez ensuite un mélange de sable grossier et

CRÉER UNE ALLÉE DE GRAVIER

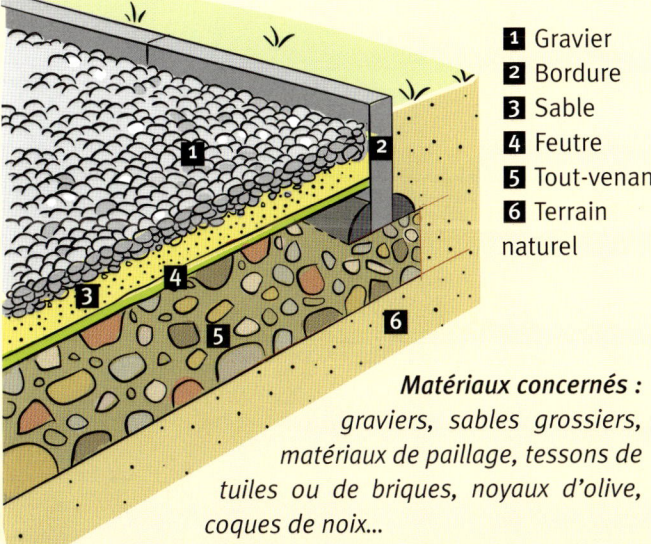

1 Gravier
2 Bordure
3 Sable
4 Feutre
5 Tout-venant
6 Terrain naturel

Matériaux concernés : graviers, sables grossiers, matériaux de paillage, tessons de tuiles ou de briques, noyaux d'olive, coques de noix…

Ces galets sont posés sur un mortier maigre.

de gravier de 5 cm d'épaisseur, en tassant bien. Enfin, étalez votre gravier. Opérez en deux ou trois apports, que vous mouillerez et tasserez chaque fois.

ESCALIERS

ESCALIERS

Au jardin, un escalier est parfois obligatoire pour passer d'un niveau à un autre ou pour accéder à la maison ou au garage. Il se doit alors d'être fonctionnel. Mais il peut aussi apporter une touche originale et esthétique à un terrain presque plat. Sa forme et la taille de ses marches dépendent donc de chaque situation. Quant aux matériaux utilisés, ils doivent être en harmonie avec le reste du jardin. Mieux vaut reprendre les dalles de la terrasse ou les briques du muret de soutènement si ces ouvrages se trouvent en prise directe avec l'escalier. Par contre, dans un endroit isolé du jardin, la liberté est plus grande ; le bois est dans ce cas une valeur sûre car il s'accorde très bien avec les plantations. Quoi qu'il en soit, ne négligez pas la forme de l'escalier : droit et étroit quand il est purement fonctionnel, il peut devenir sinueux et large quand il a vocation à décorer le jardin. Et si ce dernier est suffisamment vaste, un pas-d'âne y trouvera naturellement sa place... ■

DOUBLE PAGE PRÉCÉDENTE : CES QUELQUES MARCHES, LARGES ET PEU HAUTES, SE FONDENT DANS LA NATURE GRÂCE AUX MATÉRIAUX EMPLOYÉS (TRAVERSES DE CHEMIN DE FER ET ÉCORCES) ET AU DÉVELOPPEMENT DES PLANTES, PARTIES À LEUR CONQUÊTE.

CI-CONTRE : CE COURT ESCALIER DONNE ACCÈS À UNE PETITE TERRASSE AMÉNAGÉE SOUS DE GRANDS ARBRES, AU FOND DU JARDIN. LES TRONCS DE BOULEAU ET LA TERRE COMPACTÉE LUI DONNENT UN ASPECT TRÈS NATUREL ET RUSTIQUE.

Le charme de la pierre locale

Cet escalier de pierre a avant tout un rôle fonctionnel dans ce jardin bâti à flanc de coteau. Mais son emplacement, sa forme et les matériaux utilisés lui assurent un impact esthétique très fort qui valorise aussi les végétaux.

La pratique des terrasses est très développée dans le sud-est de la France pour asseoir jardins et cultures sur des terrains pentus. Construites avec les matériaux trouvés sur place, elles se sont intégrées au paysage au point d'en devenir une composante essentielle.

Il est vrai que ces « restanques » ont beaucoup de charme.

Des escaliers permettent de passer d'un niveau à un autre. Étroits dans la majorité des situations, pour éviter de perdre une place précieuse, ils prennent parfois aussi leurs aises pour offrir plus de confort à ceux qui les empruntent. C'est le cas dans ce jardin. Au fil du temps, les pierres ont bougé, lui donnant un petit côté de guingois qui ajoute encore à son charme.

L'usure des marches, la patine des pierres et les herbes folles qui colonisent le moindre interstice apportent la touche finale à la beauté du lieu.

Partie prenante du jardin

Cet escalier est intégré à la structure du terrain. Il a été construit en même temps que la terrasse dont il reprend les matériaux. Dans ce jardin, il s'appuie contre le mur de soutènement, perpendiculairement à celui-ci. Cette situation lui assure une meilleure assise et évite que les marches ne soient trop abruptes ; ce qui aurait été le cas s'il avait été implanté le long du mur. Ici, giron et contremarche ne font qu'un : chaque marche est formée d'un bloc rectangulaire de pierre taillée. Un bord est libre tandis que l'autre fait corps avec le mur de soutènement.

Adouci par les plantes

Des plantes viennent adoucir l'aspect anguleux et minéral de cette construction. Un rosier, planté en surplomb, déborde avec grâce sur les dernières marches et sur le mur de la terrasse. Les fleurs installées dans la terrasse du bas profitent des pierres de l'arrière-plan pour se faire remarquer au regard du promeneur. Quant aux plantes sauvages, elles profitent de la désagrégation des joints avec le temps pour trouver là un endroit où s'épanouir. Attention toutefois, car si quelques herbes permettent de rompre le caractère minéral des marches, mieux vaut ne pas les laisser envahir tous les joints, au risque de fragiliser l'escalier. Le refaire n'est pas chose aisée.

MISE EN ŒUVRE

La réalisation d'un tel escalier n'est pas à la portée de n'importe quel jardinier amateur ! Il vient en effet en appui contre le mur de soutènement d'une terrasse. L'ensemble doit être bâti en pleine cohérence afin d'assurer la pérennité de l'ouvrage. Marches et murs doivent rester en place malgré les activités des habitants du jardin et les aléas climatiques, les orages en particulier. De plus, tailler les pierres et les apparier dans les règles de l'art demande un savoir-faire que seul un professionnel maîtrise.

Matériel : pierres de pays, ciment.

Un petit côté mégalithique...

Ces gros rochers ronds forment un escalier rudimentaire qui escalade la pente. Si l'esthétique est au rendez-vous, le confort est tout relatif... L'ouvrage est plus beau à regarder que commode à emprunter tous les jours !

L'aménagement de ce sentier et de cet escalier tire parti des matériaux présents à proximité pour former un cheminement des plus rustiques. C'est un véritable retour en arrière, au tout début de la civilisation. Les rochers sont posés à même le sol, dans une succession qui semble aller au petit bonheur la chance... Pourtant, leur rondeur est agréable à l'œil. D'autant que la végétation vient coloniser les espaces entre les pierres, adoucissant encore la scène. L'ensemble donne l'impression d'avoir été aménagé dans un pierrier, à flanc de montagne, alors que le paysage est, ici, reconstitué de toutes pièces. C'est plutôt réussi.

Une chaussée de géant !

Toute la pente est maintenue par un enrochement fait de grosses pierres provenant du lit d'une rivière de montagne. Pour accéder à la partie supérieure du jardin, certaines d'entre elles ont été agencées en une série de gradins. Le choix s'est porté sur celles qui présentaient une face plate assez large pour servir de marche, et qui n'étaient pas trop épaisses afin que le giron soit acceptable par celui qui l'emprunterait. Si l'aspect final est très naturel, la diversité du matériau utilisé ne permet pas d'obtenir un escalier régulier. Plus décoratif que fonctionnel, l'ouvrage sera nécessairement d'un usage occasionnel pour les plus curieux des visiteurs.

Un résultat très naturel

En regardant cet escalier, on pourrait croire que quelques montagnards ont arrangé les pierres d'un pierrier pour que leur progression soit plus aisée ! La végétation a su reprendre ses droits, colonisant le moindre espace disponible. Cela ajoute encore au côté sauvage de la réalisation. Le jardinier a fait les premiers semis, la nature s'est ensuite chargée du reste. Dans un tel environnement, mieux vaut laisser les plantes s'installer d'elles-mêmes.

MISE EN ŒUVRE

Pour réaliser un tel escalier, mieux vaut être bien équipé et allier expérience et savoir-faire ! Le poids de chacune des pierres ne permet pas de les prendre à pleines mains pour les déplacer là où on le souhaite. Un engin de manutention est le bienvenu. Et il faut savoir bien les installer pour que l'ensemble du coteau reste en place. C'est là un travail de paysagiste !

Matériel : grosses pierres polies.

Dans l'intimité du jardin

Enfoui dans la végétation luxuriante, cet escalier invite à aller découvrir ce qui se cache au bout ! Son tracé sinueux s'accorde bien avec les plantes qui l'entourent.

La légère déclivité de cette partie du jardin donne beaucoup de liberté quant à la forme de l'escalier et à la taille de ses marches. Le propriétaire des lieux a choisi de lui donner une certaine aisance en le faisant serpenter entre les végétaux. Au fil du temps, ces derniers ont pris de l'ampleur. Ils ont débordé largement sur l'escalier, accentuant encore son aspect doux et langoureux. La place n'étant pas comptée, les marches prennent aussi leurs aises. Marche et contremarche jouent la carte du naturel grâce à des matériaux simples.

DES MATÉRIAUX COURANTS

La construction de cet escalier fait appel à des matériaux disponibles dans n'importe quelle grande surface de bricolage : rondins en pin traité, pierres plates et gravier fin. Leur mise en œuvre est aussi d'une grande simplicité : un rondin et deux piquets pour la contremarche, des pierres simplement posées sur un lit de gravier pour la marche, et pas de joints ! La taille des marches dépend des dimensions des pierres utilisées. Et pour faire tourner l'escalier, il suffit de poser la contremarche en biais !

LE CONFORT UN PEU ABSENT

Si la hauteur de la contremarche (une dizaine de centimètres) est acceptable, la taille des marches est quelque peu bâtarde. Celles-ci sont, en effet, trop grandes ou trop petites ! Elles obligent à faire une grande enjambée si l'on ne veut poser qu'un seul pied par marche, ou deux petites enjambées plutôt inconfortables. Ce choix étant souvent instinctif, l'escalier provoquera, inconsciemment, un arrêt ou une hésitation. C'est dommage car il aurait été facile d'agrandir certaines marches et d'en réduire d'autres pour réaliser un pas-d'âne avec un nombre impair de pas sur chaque marche.

UNE VÉGÉTATION TOUFFUE

L'installation de plantes buissonnantes sur les côtés de l'escalier apporte un charme supplémentaire à cette réalisation. Le choix des espèces et des variétés est suffisamment vaste pour qu'il soit possible d'adapter cette idée dans tous les jardins de France.

> ### MISE EN ŒUVRE
> La réalisation d'un tel escalier est à la portée de tout jardinier. Elle ne demande qu'un peu de méthode, de la patience et du temps. Sa fréquentation étant faible, les assises n'ont pas besoin d'être trop importantes. Un décaissement de quelques centimètres suffit. N'oubliez pas de mettre une couche de blocaille au fond, que vous tasserez avec une dame et, pour éviter que le gravier ne se perde dans les profondeurs, d'étaler un géotextile. Les pierres plates sont juste posées. Vérifiez avec une règle et un niveau que celles d'une même marche sont de niveau et bien horizontales.
>
> **Matériel :** rondins en pin traité en autoclave, piquets, pierres plates, gravier, blocaille, géotextile.

Une invitation à la promenade

Les larges marches de cet escalier poussent les esprits curieux à aller voir ce qu'il y a derrière la végétation ! Majestueux, il forme une voie impériale au milieu d'une végétation dense.

La place ne manque pas dans ce vaste jardin aménagé sur un terrain en pente. Avec ses marches larges et profondes, cet escalier incline à une certaine nonchalance. Nul doute que le promeneur l'empruntera sans se presser. Les larges poutres en nez de marche inciteraient même à s'arrêter et à s'asseoir pour mieux profiter du paysage. La courbe qu'il forme vers le haut accentue le mystère du jardin. Qu'y a-t-il à découvrir au-delà du virage ? Des rochers et un mur de pierre viennent rompre la monotonie de la construction. Les arbustes bien développés et les fleurs abondantes s'harmonisent bien avec la nature minérale de l'allée et des marches. L'ensemble crée une atmosphère magique et mystérieuse.

Des marches majestueuses

Des traverses de chemin de fer servent à la fois de nez de marche et de giron. Imposantes, elles contribuent largement à donner à cet escalier son caractère grandiose pour un jardin. Les marches, très larges et très profondes, obligent à faire plusieurs pas avant d'accéder à la suivante. Cette conception amplifie l'aspect nonchalant de l'ensemble. L'utilisation de petites pierres pour le revêtement de l'allée et des marches invite elle aussi à prendre son temps et à marcher lentement.

Un lieu de repos

Les matériaux employés s'harmonisent très bien avec la végétation environnante. Les arbustes, bien développés, créent un écrin de verdure. Des achillées mollis un peu alanguies sont parties à la conquête des marches. Des pavots montent la garde, en bas, tandis qu'un rosier grimpant épanouit ses fleurs sur le côté pour que le visiteur puisse apprécier son parfum. Sans cette végétation, cet escalier monumental serait un peu trop imposant.

MISE EN ŒUVRE

Rien de plus simple qu'un tel escalier, du moins dans son principe. Il suffit de décaisser pour mettre les traverses de chemin de fer en place ; des piquets en fer, fichés dans le sol, assurent leur maintien. Mieux vaut être plusieurs pour manipuler les plus longues car elles sont très lourdes ! Pour la marche, un léger décaissement sur quelques centimètres permet d'étendre une couche de pierres concassées. La pose d'un géotextile évite de « perdre » des matériaux dans la terre. Un coup de râteau régulier s'impose pour conserver des marches toujours horizontales. Les pierres peuvent être remplacées par des éclats d'ardoise ou des tuiles cassées, voire des copeaux de bois…

Matériel : traverses de chemin de fer, pierres concassées, piquets en fer, géotextile.

Les escaliers peuvent prendre de nombreuses formes pour s'adapter à leur environnement. C'est la place disponible qui détermine leur taille. Le choix des matériaux est aussi très vaste. La seule contrainte à respecter est que l'ouvrage s'accorde au reste des aménagements du jardin : l'escalier est là pour structurer l'espace, pas pour prédominer.

1. Intégré dans le mur de soutènement de cette terrasse, cet escalier est avant tout fonctionnel. Ses marches sont hautes, étroites et peu profondes.

2. Des pierres de grande taille servent de marches pour accéder à ce pont de bois. Attention de ne pas glisser par temps humide...

3. Des briques scellées verticalement et sur chant individualisent chaque marche. Des dalles en béton, posées sur un lit de sable, en assurent l'assise. La disposition des briques invite à accélérer le pas.

4. Pour partir à l'assaut de ce coteau un peu raide, des traverses de chemin de fer ont été coupées à la bonne largeur avec une tronçonneuse. Le giron est en terre brute.

5. Voilà un joli pas-d'âne, avec ses longues marches qui permettent de gravir les pentes sans fatigue.

SAVOIR-FAIRE

Créer un escalier

Pour qu'un escalier soit esthétique à regarder et confortable à utiliser, son dessin doit répondre à certaines contraintes, fruit d'une longue expérience d'artisans au fil des ans. Ainsi, à l'exception notable du pas-d'âne, tous les degrés doivent être de taille identique pour des raisons de sécurité et de confort.

• **Une forme adaptée au terrain**
Si le dénivelé est faible ou l'espace réduit, l'escalier s'installe souvent dans le sens de la pente. Mais si la configuration s'y prête, mieux vaut le faire tourner, à droite ou à gauche, en fonction de l'organisation des cheminements au jardin. Ce mouvement lui donne une touche plus originale et permet de mieux structurer l'espace. Quand la pente est assez douce et la place importante, l'escalier peut devenir un pas-d'âne. Ses marches sont alors si profondes que le jardinier fait deux ou trois pas avant d'aborder la marche suivante. Leur hauteur, d'une dizaine de centimètres, facilite les déplacements des brouettes et outils à moteur pour atteindre le haut du jardin.

• **Des matériaux bien choisis**
Les matériaux utilisés doivent refléter l'atmosphère du jardin et s'harmoniser avec les constructions existantes. Brique, pierre, dalles de béton, pierre reconstituée, ardoise, carrelage, rondins, traverses de chemin de fer... la palette disponible est très large. Souvenez-vous qu'un matériau clair réfléchit la lumière : en plein soleil, il devient aveuglant. À l'inverse, un matériau foncé retient plus la chaleur : impossible de marcher pieds nus, l'été, sur un sol en ardoise ! Pour la sécurité de tous, évitez absolument les matériaux glissants ou s'usant trop rapidement.

• **Une construction à intégrer**
Un escalier neuf est plein d'angles vifs. Installez des plantes à proximité afin d'adoucir ces lignes et mieux intégrer l'ouvrage dans l'ensemble du jardin. Des espèces rampantes ou légèrement envahissantes qui débordent en partie sur les marches aideront l'escalier à se fondre dans le décor.

• **Un éclairage bienvenu**
Profitez des travaux de terrassement nécessaires à l'escalier pour creuser des tranchées afin d'installer un éclairage : les déplacements en seront facilités, une fois la nuit tombée, et votre escalier n'en aura que plus de charme. L'éclairage rasant en très basse tension est le plus adéquat car il valorise les matériaux et les végétaux aux alentours.

Combien de marches à mon escalier ?

Pour connaître le nombre de marches de votre escalier, commencez par prendre deux mesures.
La première est **la longueur disponible** *(L) entre la base et le sommet du talus qui va accueillir l'escalier. Elle se mesure facilement avec un mètre-ruban posé sur le sol.*
La seconde est **la dénivellation totale** *(H), distance verticale entre le point le plus bas de l'escalier et le point le plus haut. Si la longueur disponible est faible, utilisez une règle de maçon ou un bastaing. Posez une extrémité à l'emplacement de la partie haute de l'escalier, sur le sol. Demandez à quelqu'un de tenir l'autre extrémité. Avec un niveau à bulle, assurez-vous que la règle est bien horizontale. La dénivellation se mesure entre la règle et le sol, à l'aplomb de la base prévue de l'escalier.*
Si la distance est longue, opérez en deux fois, avec un point intermédiaire, et additionnez les deux mesures.
Pour calculer le nombre de marches (n), multipliez la dénivellation par deux et ajoutez la longueur. Divisez ensuite ce résultat par un chiffre compris entre 65 et 70 (n = (2 H + L)/65 à 70). Vous obtiendrez ainsi un nombre n qu'il vous faudra probablement arrondir.
Préférez plutôt un nombre impair de marches ; c'est plus esthétique et plus confortable.
Au-delà d'une dizaine de marches, prévoyez un palier intermédiaire.

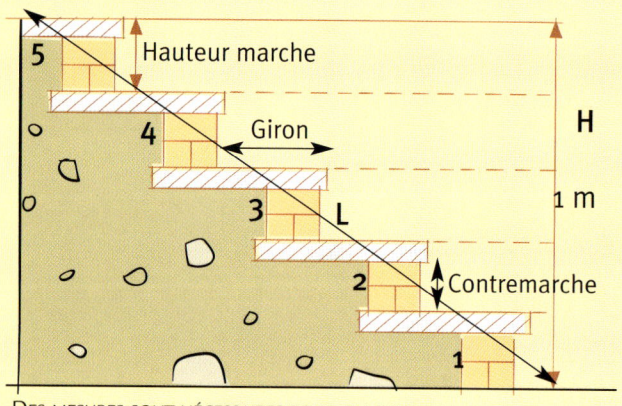
DES MESURES SONT NÉCESSAIRES POUR CALCULER LE NOMBRE DE MARCHES.

ESCALIERS

Un escalier de rondins

Ce type d'escalier est facile à mettre en œuvre. La contremarche est réalisée avec un rondin en pin traité. Le diamètre de ce dernier détermine la hauteur de la marche (15 cm au moins). Le rondin peut être utilisé tel quel ou scié à la largeur de l'escalier (emmarchement). Pour le giron, les matériaux sont variés : gravier, sable, copeaux de bois, dalle, carrelage…

La réalisation est assez simple. Déblayez le sol correspondant à la première contremarche.

Étalez une couche de blocaille (graviers de différentes tailles en mélange) et tassez-la bien avec une dame. Avec un niveau à bulle et une règle, assurez-vous qu'elle est bien horizontale. Une couche de 15 cm de béton peut aussi assurer la fondation du départ de l'escalier.

Posez ensuite le rondin à plat et plantez deux piquets, devant, à chaque extrémité, pour qu'il reste bien en place. Puis décapez le sol au-dessus pour aménager la marche suivante : creusez le giron sur une profondeur de 5 cm en dessous du niveau du premier rondin.

Posez le rondin de la marche suivante en le maintenant avec deux piquets. Préparez le giron suivant et progressez ainsi jusqu'en haut de l'escalier. Chaque fois, vérifiez bien que la contremarche est horizontale.

Étalez ensuite une couche de hérisson (sable fin) sur chaque giron à l'aide d'une pelle. Puis nivelez le matériau et tassez-le avec une dame.

Posez le revêtement choisi : gravier, éclats d'ardoise ou de schiste, écorces de pin, copeaux de bois, morceaux de briques pilées, noyaux d'olive… C'est une question de goût et de matière première disponible !

Les rondins apportent une touche naturelle.

Les piquets restent apparents, mais peuvent aussi être dissimulés par la végétation ou recouverts de terre. Gazon et autres plantes ne tarderont pas à conquérir ce nouvel espace.

Pour les contremarches, bien d'autres matériaux sont utilisables : traverses de chemin de fer, bastaings, poutres de pin traité avec deux faces plates pour une meilleure tenue sur le sol, tronc d'arbre abattu dans le jardin et débité à la longueur voulue… On peut également envisager la pierre, sous forme de blocs de granite posés sur une couche de blocaille bien tassée, l'ardoise ou le grès.

INSTALLER UN ESCALIER DE RONDINS

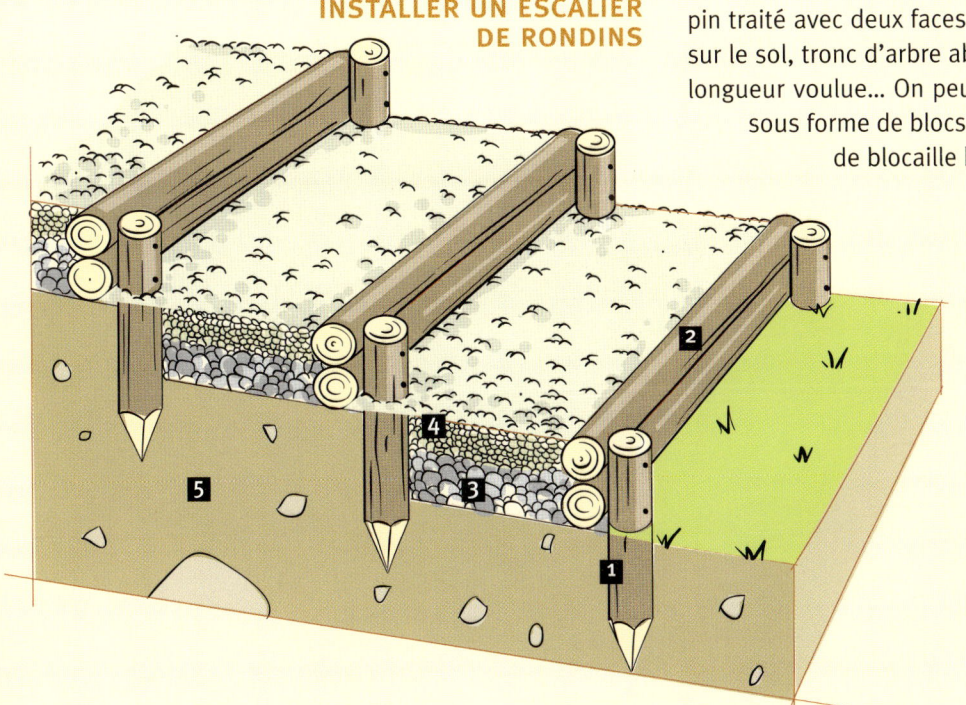

1. Piquet
2. Rondin
3. Caillasse
4. Gravier
5. Terrain naturel

63

SAVOIR-FAIRE

Un escalier en pierre

Ce matériau naturel s'intègre bien dans un jardin. Préférez des pierres d'origine locale qui s'harmonisent mieux avec le paysage. Surtout, faites en sorte qu'elles soient de la même veine que la terrasse ou les murets existants s'il y a déjà de telles constructions dans votre jardin.

> ### Giron et contremarche, l'essence de l'escalier !
> Le giron est la partie horizontale d'une marche, là où le jardinier pose le pied. La contremarche est la partie verticale qui marque la hauteur entre deux marches.
> Leurs dimensions ne doivent rien au hasard : le giron doit mesurer au moins 30 cm de profondeur pour un minimum de confort ; la contremarche ne doit pas faire moins de 10 cm ni plus de 17 cm. Tout dépend de la pente du jardin : si elle est douce, les girons seront profonds ; si la déclivité est forte, ils seront courts. Hauteur et profondeur de la marche doivent être proportionnées. En règle générale, la somme de la profondeur des marche et de deux fois la hauteur de la contremarche doit se situer entre 60 et 66 cm environ.

IMPOSANTES ET POURTANT SI NATURELLES AU JARDIN !

L'essentiel du poids de la construction repose sur la première marche ; celle-ci doit donc prendre appui sur une chape de béton solide. Creusez une tranchée de 15 à 20 cm de profondeur et coulez-y du béton. Si l'escalier est large, n'hésitez pas à ferrailler pour que ce socle reste homogène.
Nivelez pour obtenir une surface lisse et régulière, point de départ de l'escalier. Plantez un piquet de la hauteur finale de la contremarche. Faites la même chose pour la dernière marche de l'escalier. Tendez un cordeau entre les deux extrémités de ces piquets : vous obtenez le niveau supérieur de chaque marche. C'est un guide précieux lors de la construction.
Montez la contremarche en scellant les pierres avec un mortier à base de sable fin. Appareillez les éléments pour que la partie supérieure soit bien horizontale.
Préparez ensuite le giron en posant, à l'arrière des pierres, une semelle de béton. La profondeur de celle-ci correspondra à la somme des profondeurs de la marche (giron) et de la contremarche suivante.

Le fond sert alors de fondation à la marche supérieure. Nivelez la semelle à la truelle en tassant légèrement. Posez ensuite les pierres plates qui formeront le giron. Assemblez-les avec un mortier, comme pour la contremarche. Remplissez tous les joints avec du mortier ; lissez-les avec un morceau de tuyau d'arrosage. L'excédent est facile à éliminer quand il n'est pas encore sec.
Pour passer à la marche suivante, montez la contremarche correspondante et recommencez comme précédemment. De proche en proche, vous arriverez en haut de l'escalier. Lors du positionnement des pierres, faites en sorte que les joints soient alternés d'une marche à l'autre pour donner plus de solidité à l'ensemble.
Vérifiez que tous les joints sont bien remplis de mortier. Vous éviterez ainsi le développement de moisissure et

INSTALLER UN ESCALIER EN DUR

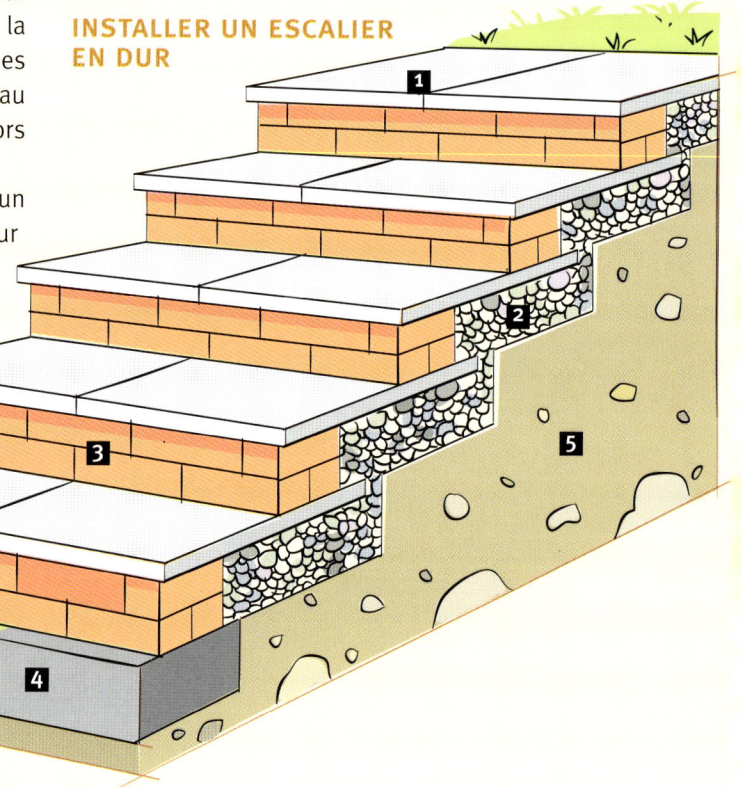

1. Dalles en béton
2. Gravier
3. Contremarche en brique
4. Assise en béton
5. Terrain naturel

Concrètement, choisissez d'abord la hauteur de la contremarche. Le plus agréable au jardin est qu'elle se situe entre 12 et 15 cm. Multipliez-la par deux et déduisez-en la profondeur du giron. Si la contremarche fait 15 cm, le giron devra alors mesurer 36 cm. Pour peu que le matériau utilisé surplombe la contremarche de 2 à 5 cm, vous gagnez en profondeur.

Pour éviter les calculs, considérez que le giron doit faire au moins deux fois la hauteur de la marche. Quant à la largeur, elle dépend de l'espace disponible. Un minimum de 60 cm est requis pour plus de commodité et de sécurité. Si deux personnes doivent pouvoir s'y croiser, la largeur passe à au moins 140 cm !

l'apparition de dégâts dus au gel quand l'eau s'incruste dans ces anfractuosités.

D'autres matériaux sont utilisables, comme des briques non gélives. Elles se prêtent à toutes sortes de motifs et d'arrangements. Posées dans le sens de la largeur, elles donnent l'impression que les marches sont plus larges. Dans le sens de la longueur, elles produisent l'effet inverse, poussant à presser le pas. La pierre reconstituée offre aussi beaucoup de possibilités, avec des éléments prêts à poser dont certains sont spécifiquement destinés aux escaliers.

Un escalier en moellons et plaques de béton

La pose des moellons des contremarches suit la même technique que pour l'escalier en pierre.

La première marche doit reposer sur une fondation solide. Les moellons sont ensuite scellés avec du mortier, leur plus belle face vers l'extérieur.

Comblez l'espace situé derrière la contremarche avec du béton. Nivelez ce dernier à la truelle pour atteindre le même niveau que les moellons.

Étalez ensuite une couche de mortier pour fixer la dalle en béton. Celle-ci doit déborder de 5 cm environ pour masquer les joints de la contremarche. Avec un niveau, assurez-vous qu'elle soit en légère pente vers l'avant pour que la pluie s'évacue rapidement.

Les autres marches se montent de la même manière.

Toujours par le bas !

Lors de la construction d'un escalier, le montage doit débuter par la marche la plus basse. Un degré se positionne toujours, en effet, par rapport au degré immédiatement inférieur. C'est logique et plein de bon sens, mais mieux vaut le préciser pour ceux qui auraient un doute… Donnez à la marche une légère pente vers l'avant pour que l'eau de pluie s'écoule dans le sens de l'escalier. Ce dernier séchera plus vite et ne gèlera pas en hiver.

LE PAS-D'ÂNE APPORTE CONFORT ET ESTHÉTIQUE.

D'autres matériaux peuvent être utilisés, comme des plaques de grès naturel, des dalles en ardoise ou des pierres locales. Là encore, la pierre reconstituée ouvre de nouvelles possibilités avec un choix toujours plus large de modèles. Pensez aussi aux plaques en béton carrées (40 x 40 cm), de différents motifs et coloris.

Un escalier en pas-d'âne

Sa construction est semblable à celle d'un escalier en rondins. Seule la profondeur du giron change. L'idée, ici, est de profiter d'une faible pente pour rendre le cheminement le moins pénible possible.

Ce type d'escalier doit son nom à son utilisation dans les zones montagneuses où les marches étaient très profondes pour qu'ânes et mules puissent gravir les cols sans fatigue inutile. L'utilisateur doit donc pouvoir faire deux ou trois pas avant de gravir le degré suivant, ce qui suppose un giron de 1 m à 1,20 m de profondeur au moins.

Le pas-d'âne est plus agréable à emprunter quand il tourne : il donne alors une belle perspective au jardin. Le revêtement du giron est surtout réalisé avec des matériaux pondéreux comme du sable, du gravier, du bitume ou des paillages détournés de leur fonction première.

MURS & CLÔTURES

MURS & CLÔTURES

Vouloir marquer les limites de son territoire, voilà qui révèle les instincts primitifs de l'homme ! Mais murs et clôtures ont aussi bien d'autres fonctions. Outre qu'elles bornent la propriété et assurent la sécurité de ceux qui y vivent, ces constructions peuvent masquer un élément laid, préserver l'intimité du jardin, abriter du vent, protéger du bruit, valoriser une vue, prolonger visuellement l'espace... Bien réfléchies et bien conçues, elles jouent un rôle majeur dans l'aménagement du jardin. Le choix des matériaux est très vaste. Mieux vaut qu'ils soient compatibles avec le style de la maison et l'environnement. N'oubliez jamais que l'enceinte d'une propriété est toujours la première chose que découvre le visiteur qui s'approche de votre maison... ■

Double page précédente : cette barrière basse en treillis de bois à larges mailles marque les limites de la propriété tout en laissant le regard embrasser le paysage champêtre, donnant l'impression que le jardin n'en finit pas.

Ci-contre : ce simple grillage offre une belle transparence sur l'environnement immédiat. Le portail en bois, patiné par le temps, matérialise la « frontière » du jardin.

Une ouverture sur la campagne

Cette « trouée » sur l'extérieur attire l'attention et donne plus de profondeur à ce petit jardin.
Ce phénomène d'optique a, ici, été judicieusement employé pour « agrandir » le jardin.

La clôture sert ici de support à des plantes grimpantes opulentes. Dans ce rideau opaque, le portail offre une trouée où le regard se concentre pour découvrir ce qu'il y a derrière.
Cette focalisation de l'attention est accentuée par l'arche, au-dessus du portail, qui matérialise un peu plus cette « issue secrète ». L'envie est d'autant plus grande de franchir la frontière qu'une longue allée se dessine au-delà. Le portail à claire-voie contribue à identifier les limites du terrain tout en laissant la lumière le traverser. La présence d'arbustes fleuris renforce cette ouverture sur l'extérieur.

MISE EN ŒUVRE

Rien de plus simple que d'installer cette clôture. La pose d'un grillage demande juste de l'attention pour que tous les piquets soient bien alignés et que chacun soit vertical. Utilisez des béquilles provisoires pour maintenir les poteaux droits le temps que le béton prenne. Mieux vaut travailler à deux, c'est plus pratique et plus facile. Pour la pose du grillage, c'est même obligatoire afin d'assurer la tension nécessaire.

Matériel : poteaux (en fer ou en béton), fil de fer, grillage, fer à béton, béton.

Une idée simple

Cette clôture est simple de conception. Le propriétaire des lieux a tendu un grillage entre des poteaux scellés dans le sol avec du béton. Pour habiller le portillon, il a posé, entre les deux poteaux de soutènement, une arche fabriquée avec du fer à béton. Des grimpantes ont été plantées pour embellir ce treillis métallique. Elles ont fini par coloniser tout leur support, apportant une touche vivante et chaleureuse au décor. Ce mur de verdure est devenu dense et opaque avec le temps, conférant à l'ouverture une importance accrue. Un tel résultat demande de la patience ! Il a fallu quelques années à la végétation pour recouvrir toute la clôture…

MURS & CLÔTURES

La simplicité faite esthétique

Très rudimentaire, cette clôture n'en est pas moins esthétique et efficace. Tout en laissant passer le regard, elle marque la limite du terrain et empêche les animaux – et les intrus – d'y pénétrer

Retour au bon sens paysan avec cette clôture photographiée dans un petit village du Pas-de-Calais. Il est vrai que sa fonction est avant tout d'empêcher les vaches du voisin de venir se promener dans le jardin ! Mais au-delà de son aspect pratique, cette barrière vernaculaire ne manque pas de charme. Les piquets, bruts de fabrication, obtenus à partir de troncs d'arbres abattus dans les environs immédiats, offrent un côté naturel très agréable. Une haie de charmes, en arrière-plan, vient doubler cette barrière en apportant une touche végétale bienvenue.

LA SIMPLICITÉ À L'ÉTAT BRUT

D'une simplicité extrême, cette clôture est constituée de piquets refendus, enfoncés côte à côte dans le sol. Tout l'intérêt réside dans les espaces ainsi ménagés, qui laissent passer le regard et lui permettent de vagabonder plus loin que la limite de la propriété. Du côté du jardin, une haie de charmes a été plantée pour assurer une plus grande intimité, pas forcément nécessaire dans la mesure où les animaux sont les seuls spectateurs… Ce type de clôture peut aussi se réaliser avec d'autres matériaux, comme des traverses de chemin de fer, des tiges de bambou, des rondins, des planches…

MISE EN ŒUVRE

Les piquets sont obtenus par fendage de troncs de faible diamètre et de 1,50 m de long. Chacun d'eux est ensuite épointé à la serpe. Pour les mettre en place, il suffit de taper sur leur tête avec une masse. Mieux vaut être deux : un qui tient le piquet en place et l'autre qui l'enfonce à la masse. Utilisez un tabouret pour manipuler la masse : en travaillant à la bonne hauteur, vous ménagerez votre dos. Faites en sorte que tous les piquets se trouvent de niveau.

Matériel : piquets épointés.

Un havre de tranquillité

Le tressage du bois offre un rempart esthétique et efficace contre le vent, tout en préservant l'intimité des lieux. Sa disposition horizontale élargit aussi la vision du jardin, en canalisant le regard.

Installée à l'intérieur d'un jardin, cette claie a pour fonction première de mettre les occupants à l'abri des regards et du vent. Cette construction ralentit en effet la brise pour la rendre plus supportable, surtout dans la soirée. Mais rien n'empêche d'utiliser ce type de construction pour marquer les limites d'une propriété.
Pour rompre le caractère linéaire de cette clôture, un rosier grimpant l'a adoptée comme support. Les feuilles des plantes installées derrière se glissent, çà et là, à travers les branches.

Un vieux principe

Le tissage de jeunes tiges fraîchement coupées date de la nuit des temps ! Il servait, par exemple, à réaliser des plessis pour cultiver les légumes et les plantes condimentaires en hauteur, dans les jardins médiévaux. Cette technique était également très employée pour retenir la terre sur le bord des rivières. La claie en osier ou en noisetier – les deux bois les plus utilisés – se tresse à l'horizontale. Le roseau, matériau très répandu aujourd'hui, s'entrelace à la verticale, le long de fils de fer tendus entre deux poteaux ; il confère au jardin un aspect très contemporain.

Quelques variantes

Les branches de noisetier ou d'osier peuvent être remplacées par des tiges de coudrier ou de châtaignier refendues en deux ; leur aspect est très agréable à l'œil. Vous pouvez aussi utiliser des lattes de bois qui se tressent tout aussi aisément ; le résultat est plus homogène. Des éléments de quelques centimètres de largeur sont plus faciles à manipuler que des planches d'une dizaine de centimètres. Dans ce dernier cas, mieux vaut être deux pour compenser le poids et la taille afin d'assurer une pose régulière. Vous pourrez ensuite lasurer le tout pour conserver l'aspect naturel du bois, ou le peindre pour lui apporter une touche plus originale. Certains utilisent même de fines bandes d'acier de 5 cm de large. Mais la hauteur de l'ouvrage est alors limitée par le poids de ces éléments et la difficulté à les manipuler…

MISE EN ŒUVRE

Les piquets en noisetier ou en acacia doivent être plantés à 1 m de distance environ. Il en faut au moins trois pour réaliser une claie. Prenez alors les tiges et tressez-les entre les poteaux. À chaque nouvelle tige, changez de côté pour débuter tantôt devant, tantôt derrière. Cela donnera de l'épaisseur à l'ouvrage. Les tiges n'étant pas de diamètre égal sur toute leur longueur, alternez également le sens d'installation : si la partie de plus gros diamètre se trouve à gauche sur un rang, elle sera à droite sur le rang suivant. Pour chaque tige, il y a donc deux changements à faire par rapport à la tige précédente. Au bout d'un moment, cette alternance s'impose naturellement !

Matériel : piquets, tiges d'osier ou de noisetier.

De pierres et de plantes

Simple et rustique, ce mur n'en exprime pas moins beaucoup de force et de présence. Le mariage de la pierre et des végétaux donne l'impression d'une symbiose avec la nature.

Ce mur de pierres sèches semble avoir toujours existé et faire partie intégrante du terrain. Et pourtant, il a été construit de toutes pièces, avec les pierres de la région. Cela lui permet de se fondre harmonieusement dans le reste du jardin et son environnement. Les végétaux paraissent aussi s'être développés tout seuls, apportés par le vent ou les oiseaux. Or, là encore, leur présence est due à la main du jardinier qui les a installés au sommet du mur et dans des interstices entre les pierres. L'impression de naturel est très forte. Un charme a même trouvé l'endroit à son goût ! Mais les jours du jeune arbre sont comptés, au risque de voir le mur s'écrouler.

Moins simple qu'il n'y paraît !

Empiler des pierres les unes sur les autres ne suffit pas à construire un mur ! Encore faut-il qu'il tienne debout… Commencez par l'asseoir sur une base solide. À défaut d'une fondation en béton, creusez une tranchée que vous remplirez de blocaille bien tassée. Le principe de construction est de monter les deux faces en parallèle, en inclinant les pierres vers l'intérieur : leur propre poids contribue à l'équilibre et à la stabilité de l'ensemble. La base doit être plus large que le sommet, et la pente d'environ 5 cm par mètre. Arrivé au sommet, apportez de la terre pour installer vos plantes alpines. Un gros caillou posé çà et là mettra ces dernières en valeur.

MISE EN ŒUVRE

Le premier rang, fait de grosses pierres, se trouve en partie sous la surface du sol. Continuez en posant les grosses pierres, légèrement inclinées vers l'intérieur du mur. Complétez avec de plus petites pierres pour boucher les trous. Au fur et à mesure, comblez la zone centrale avec de la blocaille ou de la terre. Prenez le temps de bien observer vos pierres pour placer vers l'extérieur leur plus belle face : choisissez la plus rectiligne pour que le mur soit aussi régulier que possible.

Matériel : pierres, blocaille.

MURS & CLÔTURES

Rigueur et retenue

Ce mur sert de limite séparative entre deux parties du jardin, créant une certaine intimité. Sa forme arrondie adoucit la rigueur minérale de la pierre, plate et longiligne.

Composé de pierres plates d'épaisseur à peu près égale, ce mur marque la limite entre deux univers du jardin. Sa technique de construction donne l'impression que les pierres sont montées à sec, posées simplement les unes sur les autres, ce qui n'est pas le cas. Il s'arrondit pour épouser l'allée qui est, curieusement, dotée d'une marche très haute. Des espaces ont été aménagés, sur les côtés et sur le dessus, pour accueillir quelques plantes de rocaille qui viennent rompre la linéarité de la construction.

Avec des pierres locales

Transporter des pierres coûte cher car elles sont lourdes. Le mieux est d'utiliser celles qui proviennent d'une carrière locale. Cette pierre de pays a aussi l'avantage de mieux s'intégrer dans l'environnement. Dans les villes, la question se pose différemment. Quoi qu'il en soit, demandez conseil à votre fournisseur pour qu'il vous aide à calculer la quantité dont vous avez besoin. La construction se fait toujours sur une solide fondation afin d'assurer la stabilité du mur. Les pierres sont scellées couche par couche à l'aide d'un mortier, ce dernier étant déposé au centre du mur afin de rester invisible de l'extérieur. N'oubliez pas de laisser quelques trous pour installer des plantes alpines.

MISE EN ŒUVRE

La construction d'un mur droit demande de l'attention pour bien positionner les pierres. Négocier une courbe est plus délicat car le choix et la pose des pierres réclament un peu de savoir-faire. Pour l'angle, là aussi, il faut savoir choisir la bonne pierre. Lorsqu'il s'avère nécessaire de tailler cette dernière, l'opération se fait avec un ciseau et une massette qui donnent un résultat plus esthétique et naturel que la meuleuse à disque.

Matériel : pierres naturelles plates, mortier.

Du bois en toile de fond

Discrets et simples à poser, ces panneaux mettent les occupants à l'abri des regards et des courants d'air, tout en offrant un décor de fond propre à valoriser les plantations.

L'utilisation de panneaux prêts à poser permet de s'isoler très rapidement du monde extérieur. De nombreux modèles, aux formes et aux matériaux variés, sont disponibles. Reste qu'ils forment un mur sans âme ni chaleur, qui devient un peu monotone si la clôture est longue. Ici, pourtant, l'arrondi de la partie supérieure apporte un peu de douceur. À demi masqués par des massifs de fleurs et d'arbustes, ils constituent un excellent arrière-plan qui met en valeur le décor : clôture et plantes se répondent. Pour les plus hardis, il est possible de peindre ces panneaux de bois. Optez pour des tons pastel, comme le bleu, qui s'accordent mieux avec les végétaux.

Une pose facile

Ces panneaux, aux dimensions standardisées, se posent entre deux poteaux. Pour dresser la clôture, commencez par creuser un trou pour installer le premier poteau. Avec un cordeau, matérialisez l'emplacement de la clôture. Mesurez la largeur du panneau et installez le deuxième poteau. Fixez le premier panneau avec des pattes de fixation et des vis en inox. Poursuivez ensuite la mise en place de la clôture, panneau après panneau, en vérifiant que chaque poteau est parfaitement vertical.

Bien sceller les poteaux

La solidité de la clôture dépend du bon scellement des poteaux. Le bois étant sensible à l'humidité, mieux vaut éviter de mettre les poteaux directement en terre. Utilisez plutôt un support métallique à enfoncer directement dans le sol. Pour un poteau de 2 m de haut, le support doit faire 75 cm de long. Pour le mettre en place, utilisez une cale d'enfoncement afin que la masse ne risque pas de l'abîmer. Le support doit être parfaitement vertical ; là réside toute la difficulté. Il existe aussi des platines à visser pour poser le poteau sur une terrasse, et des platines à sceller pour les situations où le terrain est trop mou.

MISE EN ŒUVRE

L'installation d'une telle clôture ne présente pas de difficulté particulière. Il faut simplement travailler avec beaucoup de soin pour que les poteaux soient parfaitement verticaux. Au fur et à mesure, le coup de main s'acquiert. Avec une grande règle et un niveau, vérifiez que les platines des poteaux sont toutes au même niveau. Mieux vaut être deux pour poser les panneaux. C'est plus rapide et plus facile, surtout quand il y a un peu de vent.

Matériel : platines, poteaux, panneaux, pattes de fixation, vis en inox.

Les limites d'un paradis

Un mur offre une très grande intimité à un jardin. En outre, il sert de support ou de protection à un grand nombre de plantes. À l'intérieur, c'est le paradis !

Jadis, les grands jardins étaient entourés de murs hauts de 2 m environ. À l'intérieur, régnaient le calme et la sérénité. Mais de telles constructions sont aujourd'hui inabordables, sauf à les réaliser soi-même. En pierre et recouvert d'un crépi, le mur de ce jardin est protégé des intempéries par un chaperon en tuiles plates qui apportent une touche de chaleur bienvenue. Pour rompre la monotonie de cette vaste surface uniforme, des treillis en bois l'habillent de bout en bout. Certains servent de support pour des plantes grimpantes, tandis que d'autres exercent pleinement leur rôle décoratif. Pour peu qu'il soit orienté vers le sud, un mur de ce type se transforme en accumulateur de chaleur.

MISE EN ŒUVRE

La construction d'un mur en brique demande une certaine dextérité pour que le résultat soit régulier. Il n'est pas aisé de monter un mur droit : le joint de ciment doit être toujours de même épaisseur, ce qui nécessite un savoir-faire et de la pratique.
L'utilisation d'agglos est plus simple, mais l'enduit n'est pas aussi facile à réaliser qu'il y paraît ; la solution la plus sage, pour s'assurer d'un bon résultat, est de faire appel à un professionnel. Les éléments prêts à monter sont de plus en plus nombreux et d'une pose plus accessible pour l'amateur. Reste qu'il faut toujours travailler avec soin et attention.

Matériel : briques, agglos ou blocs de béton, pierres ou éléments préfabriqués, ciment.

UN INVESTISSEMENT IMPORTANT

Le mur est certainement la clôture la plus coûteuse à réaliser. Mais il a pour lui de former un périmètre idéal pour tout jardin et de durer extrêmement longtemps. Comme pour toute construction, c'est la partie cachée qui importe le plus. De solides fondations sont nécessaires, surtout si le mur avoisine 2 m de hauteur. L'entretien est tout aussi essentiel, surtout si la construction est en pierres sèches. Le treillis en bois empêche que les plantes ne dégradent trop vite le crépi. L'air, circulant mieux, assèche plus rapidement la surface du mur.

UN GRAND CHOIX DE MATÉRIAUX

La pierre a longtemps été le seul matériau utilisé pour la construction des murs. Le montage se faisait à sec, sans joints de mortier. Le développement du ciment s'est accompagné de l'utilisation du mortier pour renforcer les murs de pierre : mélangé avec du sable provenant de la même carrière que les pierres, il permettait d'obtenir un ensemble harmonieux. La brique est très utilisée dans le nord de l'Europe et dans le sud de la France. Elle favorise l'intimité. Les murs à une épaisseur de briques sont plus économiques, mais ils requièrent des renforts tous les 3 m. Les agglos permettent de bâtir rapidement un mur ; un enduit est nécessaire pour une plus belle finition. Enfin, le béton se marie bien avec les végétaux, mais il n'a pas la faveur des jardiniers, qui lui préfèrent aujourd'hui les éléments prêts à poser, en pierre reconstituée ou en béton.

Le choix d'une clôture dépend essentiellement de l'imagination du propriétaire des lieux tant les solutions sont nombreuses. La seule contrainte qui s'impose est de respecter une certaine harmonie avec le reste du jardin, la maison et l'environnement immédiat de la propriété. Ce qui n'exclut pas la fantaisie…

MURS & CLÔTURES

1. L'osier tressé est spectaculaire car la clôture vit ! Dès que le printemps arrive, les bourgeons débourrent et l'osier se met à pousser. Il faut le tailler sévèrement chaque année pour le maintenir en place et éviter que la base ne produise plus de feuilles.

2. Les palissades en bois marquent les limites du terrain tout en laissant le regard s'échapper au loin. Le jardin n'en paraît que plus grand, pour peu que celui de votre voisin soit joli et complémentaire du vôtre. Et inversement !

3. Ce vieux mur en brique a beaucoup de charme, malgré les années. Un tel travail n'est malheureusement plus possible, sauf à disposer d'importants moyens financiers.

4. Le fer forgé trouve naturellement sa place au jardin. Il n'est plus très populaire, probablement parce qu'il n'y a plus guère de forgerons pour assurer la fabrication de telles barrières.

SAVOIR-FAIRE

Bien construire murs et clôtures

Toute clôture doit reposer sur une solide fondation si vous voulez qu'elle reste en place longtemps ! Cette phase primordiale de la construction ne doit pas être sous-estimée. Le montage du mur en sera facilité.

Une bonne fondation

Une fondation est constituée d'une semelle de béton coulée sur un lit de blocailles bien tassées. La largeur et la profondeur de la fondation dépendent de la nature du sol et de la construction à venir. Pour chaque matériau choisi, demandez au revendeur de vous indiquer les contraintes à respecter.

En règle générale, la fondation doit dépasser d'au moins 5 à 15 cm de chaque côté l'épaisseur du mur et faire une trentaine de centimètres de profondeur.

Dans un sol argileux, augmentez la profondeur de 20 % pour tenir compte des mouvements dus à l'argile ; même chose en terrain mou ou sableux, pour accroître la stabilité.

À l'aide de cordeaux tendus entre des piquets, tracez l'emplacement de la fondation et commencez la fouille, en conservant la terre arable séparée des autres déblais. Fichez régulièrement dans le sol des piquets (des piges) qui seront tous alignés pour indiquer le niveau supérieur de la semelle de béton.

Remplissez le fond de blocailles, tassez bien puis placez le ferraillage (des armatures pour semelles). Des fers à béton courbés à angle droit renforceront les angles. Le cas échéant, installez les ferraillages verticaux qui serviront d'ossature aux poteaux. Reliez ensuite tous les ferraillages avec du fil recuit pour qu'ils soient solidaires.

Coulez le béton en couches successives. À chaque brouette étalée, hachez le béton avec le fer d'une pelle pour éliminer les bulles d'air ; la fondation n'en sera que plus solide et homogène. Avec une règle ou un tasseau, alignez la semelle sur le haut des piquets quand vous arrivez en fin de remplissage, puis lissez la surface avec une planche. Attendez 3 jours avant de bâtir le mur, quel que soit le matériau utilisé.

INSTALLER UNE FONDATION

1 Piquet et cordeau
2 Piquet de niveau
3 Béton **4** Fer à béton
5 Blocaille **6** Terrain naturel

MURS & CLÔTURES

Construire un mur de brique

Le montage des briques se fait au mortier. Si vous n'avez pas l'expérience d'un tel chantier, la pose des briques vous demandera du temps et de l'application. Pour éviter que la qualité du mortier ne se dégrade, n'en gâchez qu'une petite quantité à la fois, dans une auge ou une brouette.

La construction débute par une première rangée ou rangée d'assise. À chaque extrémité du mur, étalez une couche de mortier et posez une brique, dans le sens de la longueur (en panneresse). Avec le manche de la truelle ou une massette, tapotez la brique pour que le joint de mortier fasse 1 cm d'épaisseur.

À l'aide d'une règle et d'un niveau, vérifiez ensuite que ces deux briques sont bien alignées et horizontales. Tendez un cordeau entre elles en le maintenant à l'aide d'une autre brique : vous suivrez la ligne ainsi matérialisée pour poser les autres briques. **Étalez une couche de mortier** sur le petit côté de chaque brique pour réaliser en même temps le joint vertical. **La couche suivante** se pose décalée d'une demi-brique pour que les joints ne soient pas alignés.

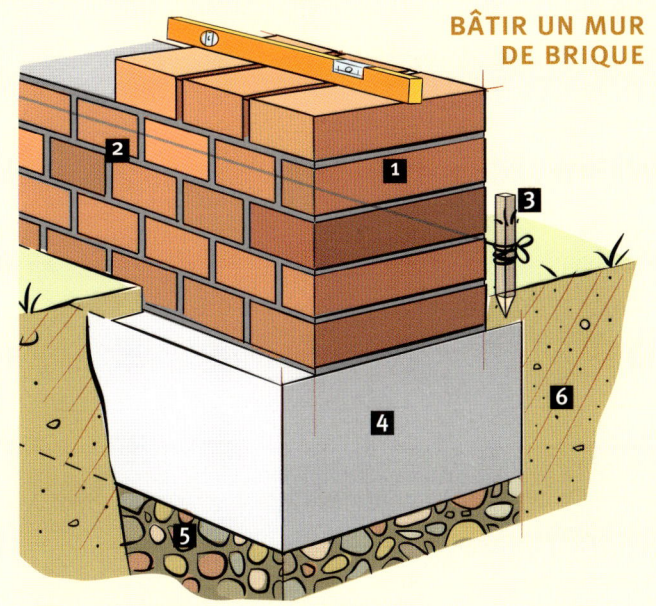

BÂTIR UN MUR DE BRIQUE

1 Brique **2** Joint de 10 mm **3** Piquet de niveau
4 Béton **5** Tout-venant **6** Terrain naturel

PILIER
LES BRIQUES SONT POSÉES PERPENDICULAIREMENT D'UNE RANGÉE À L'AUTRE.

CONTREFORT INTERMÉDIAIRE
DES RENFORCEMENTS INTERMÉDIAIRES SONT OBLIGATOIRES POUR LES LONGS MURS.

CONTREFORT D'EXTRÉMITÉ
LES PILIERS DE RENFORT DEMANDENT UN PEU DE DÉCOUPE.

Si le mur a une épaisseur de deux briques, posez une seconde rangée derrière la première, de la même manière. Comblez les joints avec du mortier. **Pour la rangée suivante,** les briques doivent être posées perpendiculairement aux premières (en boutisse) pour assurer une bonne solidité à la construction. **Commencez là aussi par les extrémités** et tendez un cordeau qui vous servira de guide. Il est primordial de « rompre » le joint vertical, c'est-à-dire d'éviter qu'il ne soit aligné d'une rangée à l'autre. Pour cela, coupez une brique en deux dans le sens de la longueur et posez chaque moitié à côté des deux briques d'extrémité. Assurez-vous que le joint de mortier fait 1 cm d'épaisseur en vous aidant d'une pige en bois. **Montez autant de rangées que nécessaire** à la hauteur du mur, en rompant le joint à chaque étape. En cours de montage du mur, vérifiez l'aplomb vertical et horizontal. **Pour des murs très longs,** des renforts sont nécessaires afin d'assurer une bonne tenue verticale des briques. **Dans les murets d'une seule épaisseur** de briques, le pilier est réalisé en maçonnant deux briques en boutisse (perpendiculaires au mur) à la place d'une brique en longueur (en panneresse). **Lors de la rangée suivante,** vous recouvrirez la partie en dépassement avec une brique posée en panneresse (en long). **Dans la rangée du muret,** placez deux éléments en trois-quarts de brique encadrant une demi-brique. **Pour finir, assurez le jointoiement.** Son rôle est d'empêcher l'eau de s'infiltrer dans le mur. Il consiste à lisser le mortier déjà en place ou à finir de remplir les joints pour que le mortier affleure le parement.

SAVOIR-FAIRE

Construire un mur de pierre

La construction oblige d'abord à trier les pierres. L'objectif est de les classer par taille, mais aussi par destination. Il faut trouver à chacune une face qui puisse être alignée sur l'extérieur du mur. Un tel mur est plus qu'un simple empilage de pierres. Il faut donc savoir poser et appareiller ces dernières.

La technique consiste à mettre en place les plus gros éléments, les pierres de parement, qui assurent la solidité du mur. Le remplissage de l'intérieur (le blocage) se fait ensuite avec des moellons bruts et des petites pierres de récupération.

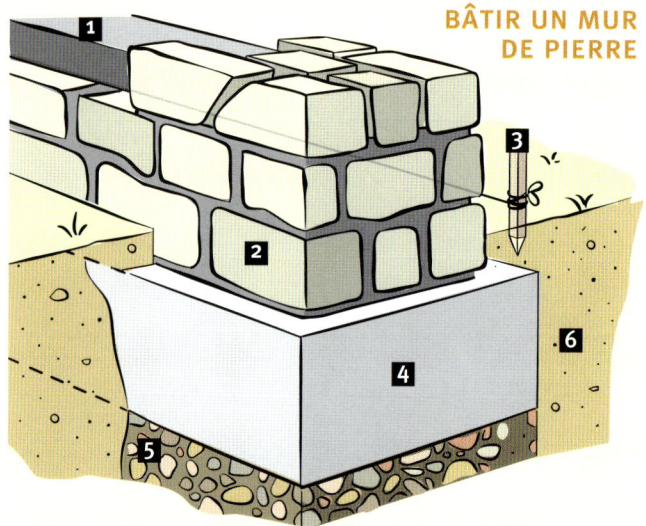

BÂTIR UN MUR DE PIERRE

1 Mortier au centre **2** Pierre **3** Piquet de niveau
4 Béton **5** Tout-venant **6** Terrain naturel

Après avoir matérialisé le tracé du mur avec des cordeaux, commencez la construction en posant les deux premiers rangs de pierres qui vont marquer la largeur du mur ; placez des grosses pierres avec des angles droits bien marqués aux deux extrémités.

Le mur se monte par couches ou « assises ». Les pierres se posent à plat. Si leur « lit » n'est pas plan, une cale (un morceau de pierre ou d'ardoise) vous permettra de récupérer la pente.

Comblez ensuite l'intérieur avec des moellons tout-venant, en les posant perpendiculairement au mur quand c'est possible pour renforcer la solidité de l'ouvrage. Il ne vous restera plus qu'à combler les derniers vides avec du mortier. À chaque étape, contrôlez la verticalité ou la légère pente du mur.

• **Le mur de pierres sèches**

La construction reprend les mêmes principes, à la différence près que les pierres sont simplement posées et non scellées avec du mortier. À chaque assise, les espaces qui les séparent sont remplis avec de la terre, tassée avec un

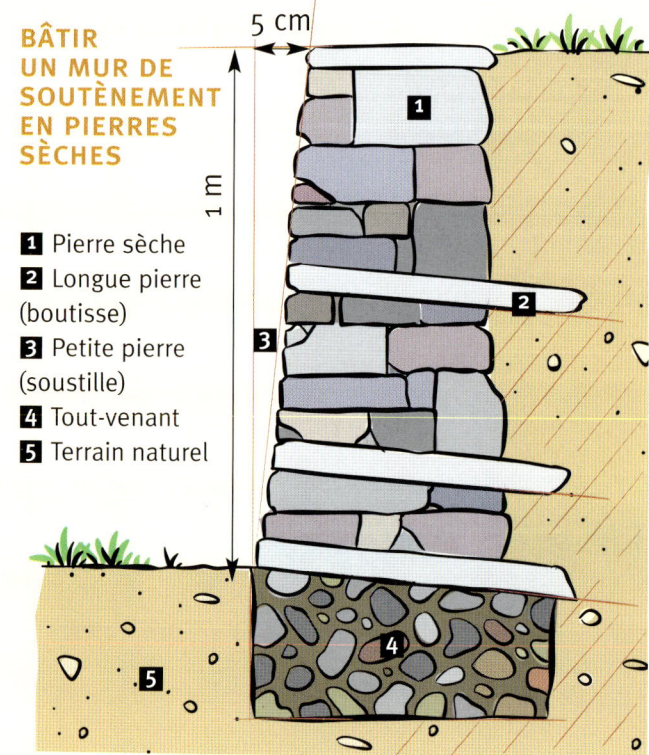

BÂTIR UN MUR DE SOUTÈNEMENT EN PIERRES SÈCHES

1 Pierre sèche
2 Longue pierre (boutisse)
3 Petite pierre (soustille)
4 Tout-venant
5 Terrain naturel

MURS & CLÔTURES

CE MUR EN PIERRE NATURELLE SERT AUSSI DE SOUTÈNEMENT À LA TERRASSE. DES PLANTES ROMPENT L'ASPECT MINÉRAL.

tasseau. Cette terre facilitera l'installation des plantes qui viendront atténuer l'aspect minéral de la construction.
Dès la deuxième assise, il faut veiller à décaler les joints verticaux pour qu'ils ne soient pas alignés. Les pierres doivent aussi être posées légèrement en retrait de celles du dessous pour une meilleure stabilité, et aussi près les unes des autres que possible. Pour accroître la solidité de l'ensemble, vous pouvez les sceller avec du mortier placé seulement au centre du mur.

Un chaperon vient terminer les murs pour les protéger de la pluie. Il peut s'agir de pierres plates, d'ardoises ou de tuiles pour les murs maçonnés. Les murs en pierres sèches sont généralement couverts de pierres verticales posées transversalement au sommet.

Construire un mur en blocs de béton
La pose des blocs de béton, appelés couramment parpaings ou agglos, s'effectue au mortier, comme pour les briques. Ils sont toujours placés en panneresse (dans le sens de la longueur). N'oubliez pas d'alterner les joints d'une couche à l'autre. Pour cela, placez des demi-parpaings, découpés avec un ciseau et une massette, en extrémité.
Pour les blocs larges, déposez le mortier en deux cordons. Le joint, plus épais que pour la brique, doit être de 3 à 4 cm. Les blocs étant plus volumineux, le montage est plus rapide.
Peu esthétiques, les parpaings ne peuvent guère rester à leur état brut. Plusieurs solutions sont possibles. La plus classique est l'enduit de béton brut qui peut, par la suite, être peint. Il existe aussi des enduits décoratifs prêts à l'emploi, dans lesquels on peut imprimer des décors différents. On peut enfin utiliser des matériaux de parement pour reproduire un aspect pierre ou brique : il suffit de coller les différents éléments à l'aide d'une colle spécifique.

Construire un mur en pierre reconstituée
Ces murs se font par assemblage d'éléments préfabriqués qui ont été calibrés pour être montés avec facilité. Les fabricants proposent plusieurs éléments différents qui permettent de donner un aspect plus « naturel » à l'ouvrage. Entre le mur et la terre, une couche de gravats disposée verticalement sert de drain pour éviter la formation d'une poche d'eau et des pressions trop importantes.
La rangée d'assise se pose sur une couche de mortier étalée sur la fondation. Les éléments suivants sont montés au mortier. Le montage peut aussi se faire à la colle.
Une fois la hauteur souhaitée atteinte, il reste à poser les dalles ou les éléments de couronnement.

BÂTIR UN MUR DE SOUTÈNEMENT EN PIERRE RECONSTITUÉE

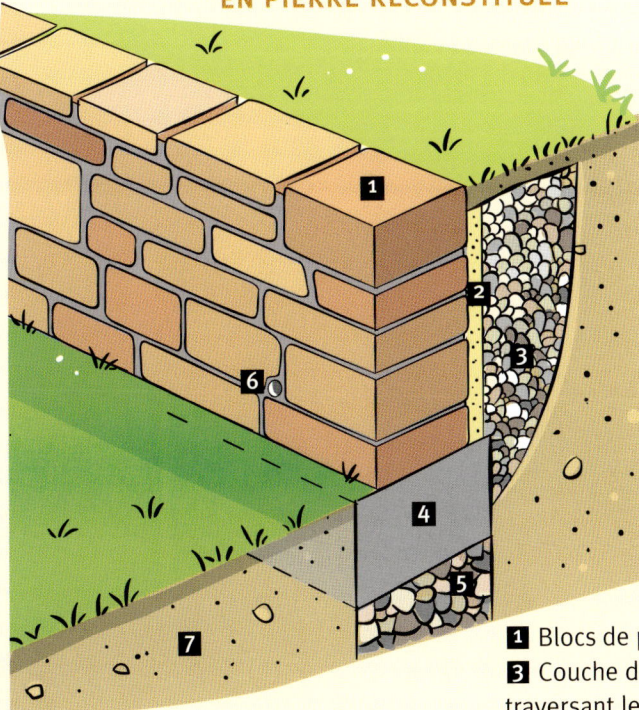

1 Blocs de pierres ou de terre cuite **2** Couche étanche de ciment + sable **3** Couche de gravats **4** Fondation en béton **5** Tout-venant **6** Tuyau traversant le mur pour permettre l'évacuation de l'eau **7** Terrain naturel

CLAUSTRAS & PARE-VUE

CLAUSTRAS & PARE-VUE

Diviser un grand espace en plusieurs univers plus ou moins clos apporte une nouvelle dimension au jardin. Tout l'art est de trouver le juste équilibre entre le nombre de surfaces ainsi délimitées et les matériaux utilisés pour les créer. Le mur ou la haie ont tendance à masquer la vue. Les treillis et autres panneaux ajourés ont le mérite de retenir l'attention sans arrêter le regard, qui peut découvrir, ou du moins deviner, ce qu'il y a au-delà. Ces pare-vue donnent du volume au jardin et l'animent. Ils peuvent même servir à cacher des parties peu esthétiques, mais qui ne peuvent être enlevées. Ces éléments permettent au jardinier de jouer sur l'esquive. ■

Double page précédente : solidement fichés en terre, de grands bambous rompent la monotonie de cette large bordure du jardin. Sans pourtant masquer le paysage, ils créent une zone un peu mystérieuse juste derrière eux.

Ci-contre : une simple grille en fer forgé un peu ouvragée suffit à séparer le coin salon de l'entrée de la maison. Et pourtant, quelle transparence !

À l'abri des moucharabiehs...

Qui s'aviserait de déloger l'occupant de ce magnifique fauteuil en teck trônant derrière les grands treillis qui en interdisent l'accès ? Voilà un coin d'intimité bien protégé...

Campé sur la pelouse coupée au cordeau, ce fauteuil semble quasi imprenable à l'abri de ses hautes grilles ! Sans rien dissimuler de cet espace clos, celles-ci provoquent pourtant un temps d'arrêt et d'hésitation de la part du visiteur qui se trouve derrière. Cette partie du jardin semble alors devenir un cabinet secret réservé au maître des lieux : assis confortablement, ce dernier aura tout loisir de savourer quelques instants de paix tout en ayant un œil sur tout ce qui se passe ailleurs. Le reste du jardin prend une autre dimension, vu à travers les carreaux du treillis. Mais il ne faudrait pas pour autant qu'aux yeux du visiteur l'utilisateur du fauteuil paraisse en cage...

DE GRANDE DIMENSION

Ces treillis de bambou sont impressionnants par leur taille. Leurs mailles carrées, très simples, s'accordent bien avec le reste du jardin. Si elles retiennent le regard, elles ne l'arrêtent pas pour autant. Une certaine légèreté transparaît. Ces panneaux marquent bien la séparation de ce pan de pelouse avec le reste du jardin. Ils sont maintenus verticaux par des poteaux en bambou solidement ancrés dans le sol. On a choisi ici de les fixer à l'aide de liens en fibres naturelles, qui peuvent facilement se défaire, afin qu'il soit possible de modifier l'agencement du jardin à la demande, notamment pour entretenir la pelouse.

LA SIMPLICITÉ AVANT TOUT

Les treillis sont très en vogue actuellement et disponibles dans un grand choix de formes de mailles. Souvenez-vous cependant que les modèles les plus simples donnent toujours le meilleur effet. Ces pare-vue doivent s'intégrer parfaitement à leur environnement. Évitez donc les motifs complexes et surchargés qui s'avéreront trop lourds. Les mailles les plus courantes sont carrées ou en losanges. Certains treillis se présentent en arête de poisson, d'autres en éventail. Ce sont d'excellents supports pour les plantes grimpantes s'ils sont solidement ancrés au sol. Il est aussi possible de les lasurer ou de les peindre.

MISE EN ŒUVRE

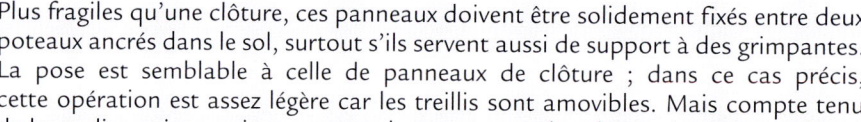

Plus fragiles qu'une clôture, ces panneaux doivent être solidement fixés entre deux poteaux ancrés dans le sol, surtout s'ils servent aussi de support à des grimpantes. La pose est semblable à celle de panneaux de clôture ; dans ce cas précis, cette opération est assez légère car les treillis sont amovibles. Mais compte tenu de leurs dimensions, mieux vaut que les poteaux en bambou soient bien stables.

Matériel : poteaux, panneaux en treillis, liens en fibres naturelles.

Un bel écrin

Sans alourdir le paysage, ces panneaux en treillis dissimulent un arrière-plan qui n'est guère esthétique. Et ils forment un bel écrin qui valorise le bassin, amenant le regard à s'attarder sur la fontaine.

Écran efficace pour faire oublier un arrière-plan sans intérêt, ces treillis ne masquent pas pour autant la vue. Chacun peut deviner, en effet, qu'il y a quelque chose derrière. Le panneau du milieu, avec son œil, focalise l'attention. Que peut-il révéler du décor invisible ? Des arbustes en fuseau, plantés devant chaque poteau, brisent la linéarité de la construction. Ils ponctuent cette longue palissade pour mieux l'intégrer dans le reste du jardin. Les buis taillés en boule, devant chaque panneau, contribuent à adoucir cet à-plat de bois. Dans quelques années, l'ensemble sera totalement intégré au jardin et se remarquera à peine.

MISE EN ŒUVRE

La pose de ces panneaux demande un travail important qui s'apparente à l'installation d'une clôture. L'emploi de platines à enfoncer à la masse évite d'avoir à faire des trous et des scellements en béton. Mais le poids de l'ensemble suppose de bien les ficher dans le sol. La fixation des panneaux est réalisée à l'aide de pattes et de vis en inox.

Matériel : poteaux, platines, panneaux de treillis, pattes et vis en inox.

L'ART DU MOUCHARABIEH

Avec leurs petites mailles carrées ou en losanges, ces treillis créent un certain mystère, comme ces grilles de bois si fréquentes dans l'architecture marocaine. Dissimulant parfaitement le reste du jardin sans surcharger le décor, ils sont installés comme une véritable clôture ceinturant le jardin, alors qu'ils se trouvent à l'intérieur. Gageons que le visiteur se laissera glisser le long de cette palissade. Un banc en teck l'attend pour lui permettre d'admirer le bassin !

Privilégier la discrétion

La présence de pare-vue doit rester discrète afin de conserver au jardin toute son intégrité. Leur finalité est de rompre de grandes perspectives ou de créer des lieux d'intimité, voire d'isoler certaines zones bien précises dans leur fonctionnalité. Un tel déploiement de panneaux peut paraître un peu trop voyant, du moins quelques semaines après leur pose. Ces éléments d'aménagement sont là pour dévier le regard et inviter à aller à la découverte de petits espaces aménagés çà et là. Des trouées de lumière donnent du corps à ces séparations. Les pare-vue n'apportent pas d'intimité, puisqu'ils laissent passer le regard, mais ils participent activement à la multiplication des scènes qui enrichissent le jardin tout entier.

La maîtrise de l'osier tressé

Tel l'œilleton d'une porte, une ouverture dans ce panneau savamment tressé vous invite à venir découvrir ce qui se cache derrière : un très joli jardin, dans la plénitude de sa floraison...

Ce travail de l'osier est, en lui-même, une œuvre d'art. Installée dans un jardin, cette construction étrange a trouvé son équilibre avec les végétaux qui ont été mis en place. Cette large ouverture focalise le regard qui se concentre sur ce qu'il devine derrière : de magnifiques parterres de dahlias ! Pour adoucir la vue, des arbustes laissent onduler leur feuillage au gré du vent. Les vagues que forme l'osier tressé servent aussi de support à quelques plantes volubiles.

L'art du tressage

La technique utilisée n'a en soi rien de compliqué : c'est celle du tressage de l'osier. Des piquets ont été enfoncés verticalement et l'artisan a tourné ses tiges d'osier tout autour. Rien de plus simple en apparence ! Sauf qu'ici, l'écartement des piquets ne doit rien au hasard et que le tressage des tiges d'osier suit un ordre bien défini pour former ces ondulations et ces variations d'épaisseur. Un savoir-faire certain est nécessaire pour mener à bien une telle création. Au final, le résultat est en pleine harmonie avec les végétaux.

Une structure pérenne

Une telle construction est faite pour durer quelques années. Ce n'est pas un problème pour le jardinier, car l'osier se marie bien avec toutes les plantes du jardin. Là, ce sont des dahlias qui s'épanouissent en été. Pour le printemps, ce peut être des bulbes. Bien d'autres fleurs trouveraient naturellement leur place dans ce décor. Des plantes grimpantes, comme des rosiers ou des clématites, voire des capucines, aimeraient profiter de ce solide support pour se développer et s'épanouir. Des arbustes assurent la transition entre les floraisons. Ces plantes apportent la touche végétale et le mouvement qui donnent vie à la structure.

MISE EN ŒUVRE

Sachez rester modeste : un tel travail n'est pas à la portée de tous ! Si une création similaire pouvait trouver sa place avec bonheur dans votre jardin, faites appel à un vannier. C'est plus sûr.

Matériel : piquets, tiges d'osier.

CLAUSTRAS & PARE-VUE

PERGOLAS

PERGOLAS

La pergola est une structure de jardin très ancienne puisqu'elle existait déjà dans les jardins antiques. À l'origine, c'était une longue allée couverte formée de plantes grimpantes palissées sur des arceaux et des treillages. Par extension, le terme désigne plutôt aujourd'hui les arches à simple ou doubles arceaux. Pergola et arche jouent un rôle important dans l'aménagement d'un jardin pour encadrer une allée ou pour constituer une porte d'entrée vers une autre partie du jardin. La première, qui n'est pas forcément rectiligne, invite le promeneur à la découverte d'un espace « mystérieux ». Mieux vaut donc qu'elle débouche sur un nouveau cadre ou un joli point de vue. La seconde focalise l'attention du visiteur et sert de lien entre une ambiance du jardin et une autre. Elle ne doit jamais être isolée, mais intégrée à une allée ou associée à une haie ou une clôture. ■

DOUBLE PAGE PRÉCÉDENTE : SUR UNE STRUCTURE CLASSIQUE, RECTANGULAIRE ET TRÈS LARGE, DES ÉCHALAS EN CHÂTAIGNIER ONT ÉTÉ RAPPORTÉS POUR FORMER UNE VOÛTE EN OGIVE, QUI REND L'ESPACE PLUS INTIME ET PLUS « SPIRITUEL ». CES TIGES DE CHÂTAIGNIER SONT FIXÉES À LA BASE DES POTEAUX DE LA PERGOLA POUR TIRER PLEINEMENT PARTI DE LEUR SOUPLESSE.

CI-CONTRE : CETTE CONSTRUCTION MAISON S'ADAPTE AU DÉNIVELÉ DE L'ALLÉE. CHAQUE DÉCROCHEMENT DE LA PERGOLA CORRESPOND À UNE MARCHE D'UN LONG PAS-D'ÂNE. ELLE UTILISE DES RONDINS COMME POTEAUX ET TRAVERSES ET DES DEMI-RONDINS COMME ENTRETOISES.

Invitation à la découverte

Ces deux pergolas en bois invitent à aller voir ce qui se passe derrière, le regard étant attiré naturellement vers le fond du jardin devenu point de mire.

Très classiques, ces deux pergolas sont construites le long d'un cheminement qui évolue en fonction de la partie du jardin dans laquelle il se trouve. Face à la première pergola, l'allée se transforme en pas japonais pour franchir la pelouse. Ceux-ci mènent à une allée de gravier qui forme un croisement, laissant supposer de grands espaces. Chaque pergola sert naturellement de tuteur à des plantes grimpantes : un rosier au premier plan et une clématite au second. Toutes deux prennent appui sur une haie qui délimite une autre « chambre » du jardin, révélant une ambiance particulière. Elles focalisent le regard et invitent à la découverte.

DES FORMES TRÈS SIMPLES

De forme rectangulaire, ces modèles de pergolas sont très simples dans leur conception. Ils peuvent être facilement fabriqués sur mesure, à partir de matériaux achetés chez un négociant ; n'oubliez pas dans ce cas de demander à votre fournisseur de raboter le bois brut. Mais ici, ce sont des pergolas proposées prêtes à monter dans le commerce. L'avantage d'un tel choix est que le bois est traité en autoclave pour une meilleure résistance contre la pourriture due à l'humidité.

UN MONTAGE FACILE

L'installation de ces pergolas est à la portée de tous les jardiniers : il suffit de suivre le mode d'emploi. Mais mieux vaut être deux pour installer les arceaux. Utilisez de la visserie en inox ou en acier galvanisé, plus pratique et plus rapide. Seul point délicat : la bonne implantation des supports verticaux qui doivent être parallèles et à la bonne distance. Installez des platines spécifiques, en acier galvanisé, plus simples à mettre en place.

UN ENTRETIEN RÉGULIER

Bien que le bois traité soit garanti dix ans, mieux vaut lui appliquer une lasure tous les deux ou trois ans pour le protéger. Taillez aussi régulièrement rosiers grimpants, clématites et autres plantes grimpantes pour qu'ils épousent au mieux les montants de la pergola. Bien que très résistant, ce modèle n'est guère adéquat pour soutenir une glycine.

MISE EN ŒUVRE

La seule difficulté est de bien enfoncer les supports de poteaux en acier galvanisé dans le sol. Soignez l'équerrage et la prise de cotes, sinon la suite sera plus délicate. Le reste du montage est simple, surtout si vous travaillez à deux. Utilisez une perceuse-visseuse à batterie pour gagner du temps et ménager vos efforts, car il y a beaucoup de vis à mettre en place...

Matériel : pergolas du commerce ou sur mesure, platines en acier galvanisé, vis en inox.

Le charme du fer forgé

Avec sa finesse de structure et sa patine légèrement rouillée, cette pergola n'est pas sans rappeler les grandes réalisations du début du xxe siècle !

À l'heure de la révolution industrielle, le fer et la fonte ont envahi la vie quotidienne. Ces matériaux étaient très en vogue à l'aube des années 1900, comme le sont les matériaux synthétiques de notre époque. De grands forgerons ont réalisé des modèles absolument splendides, qui se retrouvent parfois dans certains jardins. Aujourd'hui, ces matériaux deviennent rares car les savoir-faire se perdent. Un tel ouvrage demande par ailleurs beaucoup de main-d'œuvre, qui doit travailler sur place. Sans oublier l'entretien, très contraignant. Cette approche est aujourd'hui inconcevable.

Une élégance aérienne

Les constructions métalliques, fruit du savoir-faire des forgerons, permettent de créer des formes très fines et très travaillées tout en étant solides et résistantes. Cette pergola, qui atteint près de 3 m de haut, est néanmoins très élégante grâce à une bonne harmonie de ses dimensions. Des volutes en fer lui donnent à la fois de l'épaisseur et une finition toute en sobriété. Elle est ici adossée à une haie de charmes, mais elle offrirait un très joli support pour des variétés anciennes de rosiers grimpants.

Des bancs pour savourer l'instant

Le concepteur de cette pergola a prévu deux petits bancs, de chaque côté, pour profiter de l'instant et papoter en tête à tête. Le treillis en ruban de métal qui sert d'assise appelle des coussins pour accroître le confort d'une conversation prolongée.

Une solidité à l'épreuve du temps

Réalisée en fer plein, cette pergola est d'une résistance à toute épreuve. Les contreforts, forgés et soudés à l'ensemble, lui assurent une parfaite solidité. Mais en contrepartie, cette structure pâtit d'un défaut important : son poids ! Il est impératif de bien sceller les pieds afin d'éviter tout risque de chute. Mieux vaut ne pas lésiner sur le béton coulé à chaque pied…

MISE EN ŒUVRE

Il serait vain de se lancer dans la construction d'une telle pergola, sauf à bien maîtriser le travail du fer pour réaliser les volutes et posséder l'art de la soudure. Un tel travail demande aussi de la place et du temps. Mieux vaut faire appel à un serrurier ou à un métallier qui pourra réaliser le modèle de votre choix et vous l'installer sur place.

Matériel : pergola sur mesure ou modèle du commerce, ciment.

Une vraie pergola...

Cette succession d'arches recouvertes de plantes grimpantes forme un tunnel de verdure qui engage le promeneur à aller découvrir le fond du jardin.

Avec le temps, les plantes ont pris le dessus sur la structure de la pergola. Elle a pratiquement disparu ! Les plantations occupent maintenant le centre de la scène, apportant fraîcheur, couleurs et parfums. L'effet fuyant des arches crée une belle impression de perspective. Le regard est happé par ce long couloir pour se focaliser sur le carrefour d'allées matérialisé par un gros pot de fleurs. Les fleurs, installées au pied de la pergola, contribuent à fermer le tunnel pour canaliser un peu plus le regard.

MISE EN ŒUVRE

Cette construction est à la portée de tous les jardiniers. Techniquement, elle ne présente aucune difficulté. Il faut simplement prendre le temps de sceller tous les poteaux puis d'assembler les poutres et les traverses, ce qui demande un peu de patience. Mieux vaut être deux pour tenir les poutres de chaque côté de la pergola et pour les fixer plus rapidement.

Matériel : bois, vis en inox ou en acier galvanisé, platines en acier galvanisé, ciment.

UNE STRUCTURE SIMPLE ET DISCRÈTE

Les arches de cette pergola sont constituées de deux poteaux verticaux, solidement ancrés dans le sol, et d'une traverse, posée perpendiculairement et qui dépasse de chaque côté, vers l'extérieur. Chaque arche est reliée aux autres par une poutre fixée à hauteur de la traverse.

Une fabrication sur mesure

Cette pergola a été réalisée à partir de matériaux découpés et assemblés aux cotes du jardin. Chaque pied est scellé dans un bloc de béton. Les assemblages entre les différentes pièces de bois sont réalisés avec une visserie en acier galvanisé ou en inox, plus résistante. Un traitement régulier, avec un produit de protection hydrofuge comme une lasure, assure la pérennité de cette construction.

Avec toutes les déclinaisons possibles, les pergolas participent activement à la structure d'un jardin. Elles sont à la fois un élément qui donne des volumes tout en servant de support à des plantes grimpantes et d'abri à la famille du jardinier. Elles complètent parfaitement un portillon.

1. Les piliers de cette pergola sont constitués de troncs d'acacia entiers, tandis que des troncs fendus dans la longueur servent de poutres transversales. Cela lui donne un aspect rustique très réussi qui met en valeur les rosiers grimpants.

2. Cette solide pergola en bois très large, faite de madriers de forte section, se prolonge par une structure plus étroite, réalisée avec des arcades en acier ayant une forme d'ogive. Les deux constructions sont couvertes de rosiers grimpants qui trouvent là un support idéal.

3. Invitation à la découverte, une double arche en acier encadre un portillon. Un rosier grimpant s'inscrit dans la continuité de la haie.

4. Cette arche en acier est cachée par des roseaux maintenus en place par du fil de fer.

SAVOIR-FAIRE

Construire sa pergola

La pergola en kit est la solution la plus facile. Mais rien ne vous empêche de construire votre propre modèle, en bois ou en fer, si vous êtes un peu bricoleur.

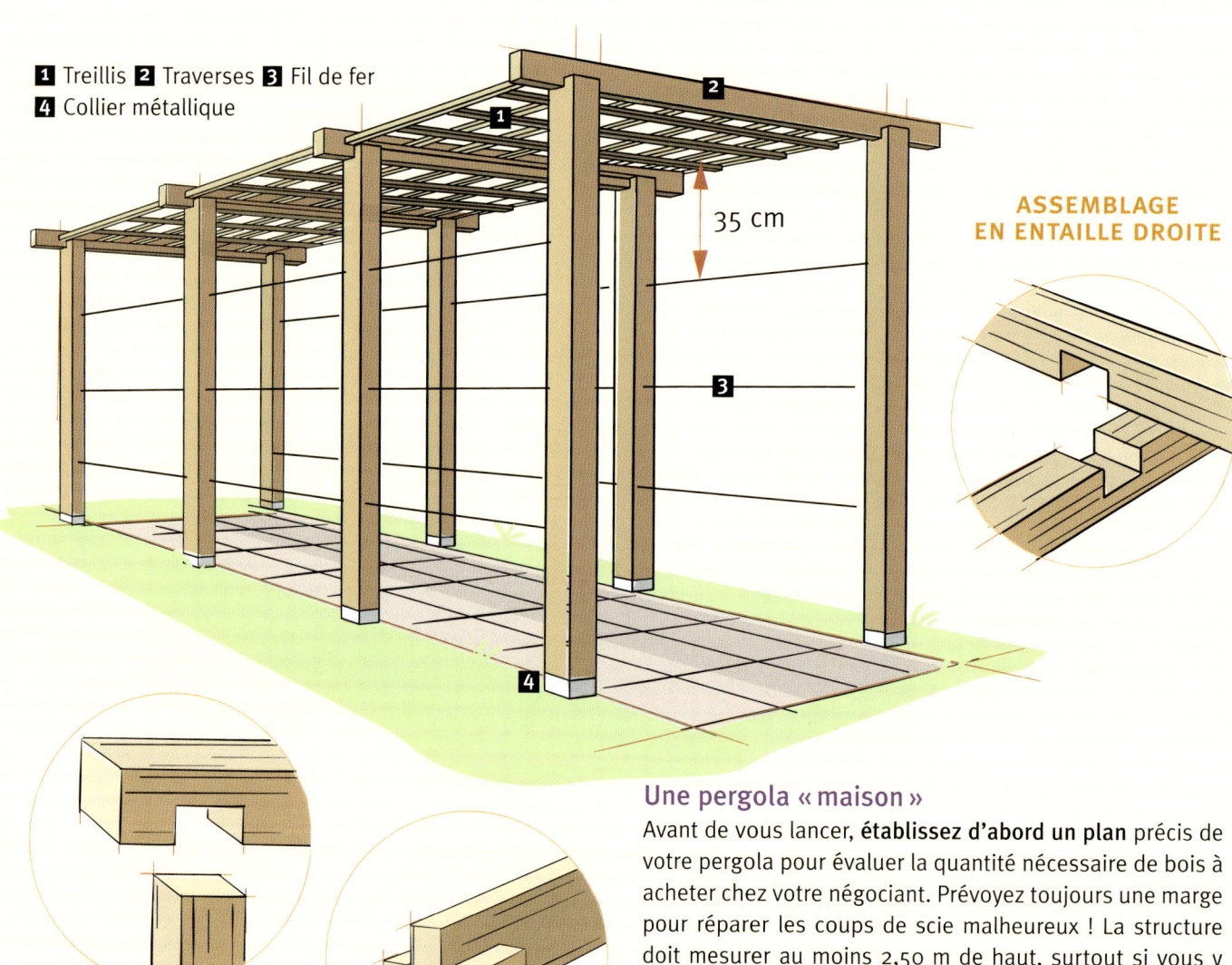

1 Treillis **2** Traverses **3** Fil de fer **4** Collier métallique

ASSEMBLAGE EN ENTAILLE DROITE

ASSEMBLAGE À MI-BOIS

Le bon emplacement

Une arche ou une pergola ne s'installe pas n'importe où. La première doit assurer une transition entre deux espaces du jardin ; elle peut trouver place dans un terrain en légère pente. La seconde demande de la place pour jouer son rôle de « tunnel » qui mène le visiteur vers une partie un peu secrète du jardin. Son tracé n'est pas nécessairement rectiligne : un côté sinueux lui procurera plus de mystère. Par contre, mieux vaut l'envisager sur un terrain plat, l'installation en sera facilitée et l'effet plus esthétique.

Une pergola « maison »

Avant de vous lancer, **établissez d'abord un plan** précis de votre pergola pour évaluer la quantité nécessaire de bois à acheter chez votre négociant. Prévoyez toujours une marge pour réparer les coups de scie malheureux ! La structure doit mesurer au moins 2,50 m de haut, surtout si vous y installez des plantes grimpantes, et au moins 1,80 m de large pour offrir une bonne proportion. Les supports verticaux feront au moins 10 x 10 cm, plus si la pergola doit supporter une importante végétation. L'espacement entre ces poteaux sera de 2 m au minimum. Pour les poutrelles transversales, utilisez la même section que pour les supports, ou des planches de 5 x 12 cm de section.

Réalisez des assemblages bois à bois (en entaille droite ou à mi-bois) de manière à obtenir une plus grande solidité et une meilleure esthétique. Consolidez ensuite l'assemblage avec des clous enfoncés à l'oblique.

N'oubliez pas de traiter le bois avant utilisation. Vous pouvez aussi choisir des rondins bruts, plus rustiques, mais éliminez l'écorce pour éviter les attaques d'insectes parasites. La durée de vie de la structure dépend de l'essence employée.

PERGOLAS

> *Conseil de montage*
> Pour une pergola, commencez toujours par les arches du fond. À chaque élément monté, contrôlez que l'ensemble est bien vertical et horizontal. Ne serrez vis et boulons à fond qu'une fois toute la pergola montée : vous pourrez ainsi rattraper les petites erreurs d'alignement.

Une pergola en kit

L'offre s'élargit d'année en année avec des modèles utilisant des bois traités en autoclave. La technique du lamellé-collé permet désormais de disposer de traverses en arc de cercle très esthétiques. À partir de ces éléments, rien ne vous empêche de construire votre propre modèle. La pose de treillis entre les montants est facilitée par des éléments standard qu'il suffit d'adapter.

Une pergola en dur

Les piliers en bois peuvent laisser place à des piliers en béton ou en brique, la partie horizontale restant en bois. Le béton demande un travail de coffrage complexe. Le montage des briques nécessite un peu de savoir-faire car le pilier doit être parfaitement vertical, mais le résultat est très esthétique. Mieux vaut demander à un maçon de le réaliser si vous manquez d'expérience en la matière.

L'installation des piliers

Le bois est sensible à l'humidité qui le fait pourrir. Évitez donc d'ancrer les piliers directement dans le sol, même avec du béton. Préférez les supports métalliques qui isolent le bois du sol. Certains s'enfoncent directement dans le sol, à la masse. D'autres sont constitués d'une tige métallique, droite ou en U, scellée dans du béton et sur laquelle vous vissez le pilier.

Si un pilier est ancré sur une terrasse, utilisez des sabots métalliques spécifiques qui se vissent sur les surfaces dures. Si la pergola prend appui sur un mur, placez les poutrelles sur un sabot métallique scellé dans le mur.

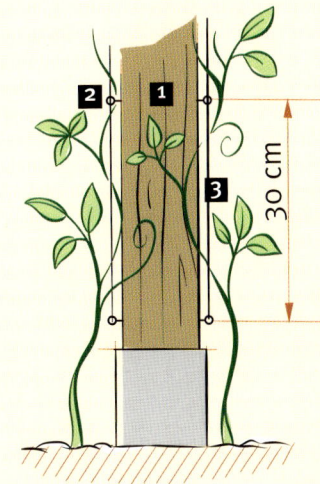

> *Astuce*
> Pour aider les plantes grimpantes à s'installer sur une pergola, attachez du fil de fer galvanisé à la verticale de chaque montant en plaçant des œillets tous les 30 cm. Palissez régulièrement les plantes qui ne s'accrochent pas d'elles-mêmes à la structure.

1 Poteau
2 Œillets
3 Fil de fer galvanisé

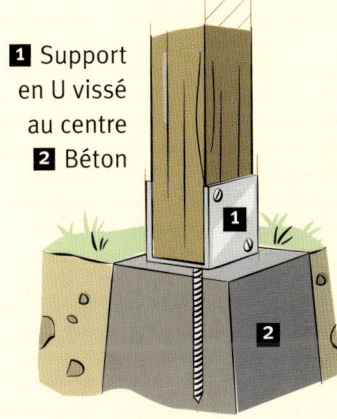

1 Support en U vissé au centre
2 Béton

INSTALLATIONS DES PILIERS

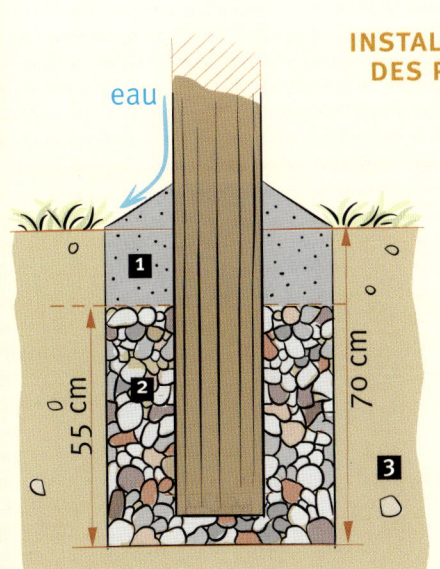

1 Béton **2** Rocaille
3 Terrain naturel

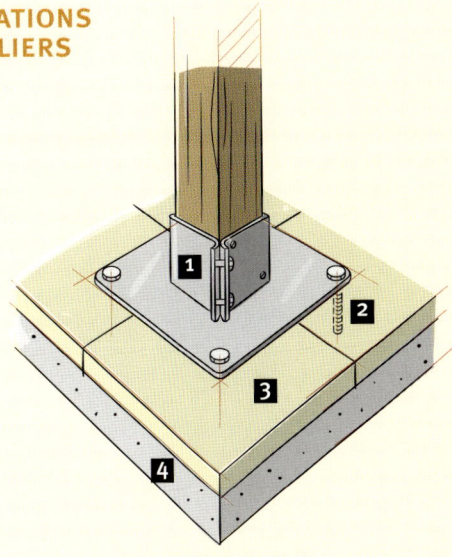

1 Collier métallique **2** Vis de serrage
3 Dallage **4** Béton

1 Collier métallique
2 Terrain naturel

KIOSQUES & TONNELLES

Kiosque, gloriette, tonnelle, pavillon... toutes ces constructions installées dans un jardin ont un objectif commun : créer un lieu intime et ombragé pour méditer ou se reposer, qui serve éventuellement de support à des plantes grimpantes. Ces structures trouvent naturellement leur place dans un endroit tranquille, loin des zones de passage. Mais ce sont aussi des points de mire qui participent activement à l'aménagement et à la décoration d'un jardin. Leur emplacement et leurs dimensions se doivent donc d'être réfléchis. Un revêtement en dur offre plus de confort pour le fauteuil ou la chaise longue. Et si vous avez envie de couvrir l'armature pour en profiter malgré la pluie, utilisez un matériau qui ne soit pas trop sonore sous les gouttes d'eau. Dans tous les cas, le plus important reste la vue que ce refuge offre à celui qui s'y installe. Et si l'ombre est recherchée, souvenez-vous que c'est au soleil du soir que les plantes exhalent le plus intensément leur parfum... ■

DOUBLE PAGE PRÉCÉDENTE : CE KIOSQUE SE FAIT DISCRET AU FOND DU JARDIN. LA VÉGÉTATION MASQUE SES STRUCTURES UN PEU LOURDES POUR EN ADOUCIR LES LIGNES. C'EST UN ENDROIT AGRÉABLE POUR SE RETROUVER AUTOUR D'UNE TABLE.

CI-CONTRE : ÉLANCÉ ET ÉLÉGANT, CE KIOSQUE EN FER FORGÉ OFFRE UN EXCELLENT SUPPORT POUR DES PLANTES GRIMPANTES. POUR LE MOMENT, IL SERT PLUS DE DÉCOR QUE DE LIEU DE REPOS, MALGRÉ LA PRÉSENCE D'UN SALON DE JARDIN.

Rendez-vous au fond du jardin

Niché au fond du jardin, protégé par une haie taillée, ce pavillon en bois se fond totalement dans la verdure. C'est un lieu de repos bien sympathique.

Kiosque par sa conception traditionnelle en octogone ouvert de tous côtés, cette construction évoque aussi une tonnelle avec cette haie qui la ceinture. Sa structure aérée et sa faible hauteur ne masquent pas totalement la vue, tout en apportant un peu d'intimité pour qui veut s'y retirer. La présence d'arbres, tout autour, lui apporte de l'ombre ; leur feuillage n'est pas trop dense pour laisser filtrer une lumière douce. L'accès se fait par une allée qui serpente au milieu du jardin, ajoutant un peu plus de mystère à ce lieu. De l'intérieur, le regard embrasse tout le jardin.

Le charme du bois

Ce kiosque est construit en bois. Les piliers, solidement scellés, supportent une charpente ouvragée. Le toit est recouvert de bardeaux, ces tuiles plates en bois, qui apportent une touche encore plus naturelle. Avec le temps et l'humidité qui règne dans cet endroit ombragé, les mousses l'ont colonisé. L'effet est esthétique, même si leur présence n'est guère souhaitable pour assurer l'étanchéité de la couverture… Une jolie pointe ouvragée couronne l'ensemble. Des treillis de bois, classiques, forment des arches ajourées juste sous le toit. Pour bien délimiter l'endroit, des balustrades en treillis ceinturent le pavillon. Chacun peut s'y appuyer. L'ensemble est peint en bleu lavande, une couleur qui s'accorde bien avec le jardin.

Une fin en soi

Cette construction se suffit à elle-même. Nul besoin d'y faire courir des plantes grimpantes pour en adoucir les lignes : les treillis s'en chargent. Un tel kiosque a plus à gagner des végétaux installés à proximité. Sa beauté réside dans sa forme, une conception quasi circulaire qui nécessite de lui laisser toute sa transparence. Un sol en dur accueille chaises et fauteuils pour profiter pleinement de l'agrément du lieu. Même la pluie n'effraie pas l'occupant, pour peu qu'il n'y ait pas de vent !

MISE EN ŒUVRE

Un tel ouvrage demande un travail important : à moins d'être un excellent bricoleur et de maîtriser l'art de la découpe et de l'assemblage du bois, mieux vaut confier l'ouvrage à un charpentier ou à un menuisier. Le coût est loin d'être négligeable, mais le résultat est à la hauteur de l'effort consenti. De tels kiosques ne sont pas vendus en kit dans le commerce.

Matériel : bois, peinture, poteaux, éléments de charpente, bardeaux, treillis, visserie.

Le charme d'une tonnelle

Quel plaisir que de s'asseoir sur ce banc pour profiter de la vue panoramique sur l'ensemble du jardin qui se déploie devant soi ! Cette tonnelle permet d'oublier pour quelques heures l'agitation du monde.

Adossée à la haie, cette tonnelle en bois forme une alcôve où il fait bon se retirer pour profiter de l'environnement, bien au calme. Une légère surélévation, de l'épaisseur d'une brique, individualise un peu plus l'endroit, en l'isolant du reste du jardin. Franchir la « marche », c'est entrer dans un autre univers. Deux potées fleuries font office de sentinelles, à l'entrée. Un rosier grimpant est parti à la conquête de la structure, pour apporter de l'ombre aux heures les plus chaudes de la journée. La haie sert de fond tandis que des fleurs matérialisent les côtés. Enfin, un banc de bois rend cet espace encore plus accueillant.

Du sur-mesure

Cette tonnelle est réalisée à partir de chevrons en pin traité à l'autoclave qui ont été, au préalable, rabotés. La forme est, malgré les apparences, relativement simple. Deux arceaux doubles sont reliés entre eux par des chevrons pour former cette structure carrée ou presque. Les chevrons sont vissés sur le montant intérieur des arceaux. Des renforts viennent rigidifier les angles pour assurer une bonne stabilité, notamment pour supporter la masse du rosier quand il occupera toute la construction. Des pointeaux en bois tourné apportent une touche finale à l'ensemble.

Un support pour plantes grimpantes

Très ouverte, cette structure peut aussi recevoir des panneaux de treillis sur les côtés et au fond. Elle y gagnerait alors en intimité, tout en permettant d'observer le reste du jardin depuis l'intérieur. Surtout, cette solution offre plus de possibilités pour installer des plantes grimpantes, comme des annuelles (ipomée, capucine, suzanne-aux-yeux-noirs…) ou des clématites. Ces végétaux se marient bien avec le rosier grimpant. D'autres associations sont possibles, en fonction des goûts de chacun, mais aussi des conditions de climat et de sol du jardin.

MISE EN ŒUVRE

La construction est abordable par tout bon bricoleur. Le premier travail consiste à découper les différents éléments nécessaires. Les arceaux sont montés à plat, en vérifiant bien les équerrages et les dimensions pour que les deux pièces soient identiques. Le premier arceau sert de modèle aux autres. Ensuite, il faut mettre en place le premier élément et le sceller dans le sol, en contrôlant avec un niveau qu'il est bien vertical. Mieux vaut être deux pour cette opération. Le second arceau s'aligne sur le premier. La pose des chevrons de liaison, pour former le toit, assure sa bonne tenue en place pendant son installation. Il reste à poser les derniers chevrons, puis à réaliser le sol en dur.

Matériel : chevrons en pin traité, pointeaux, vis en inox, ciment, sable, gravier.

KIOSQUES & TONNELLES

La légèreté du fer forgé

Discret, ce kiosque en fer forgé individualise le coin repas, isolé du jardin par sa terrasse en caillebotis. Dans quelque temps, il fera bon s'y délasser, quand les plantes auront colonisé toute la structure.

Gracieuse et aérienne, cette structure matérialise discrètement dans l'espace l'emplacement de la terrasse en bois. Une table et des chaises trouvent naturellement leur place dans ce havre de paix. Une vigne et une clématite partent à l'assaut de l'armature. Dans quelque temps, elles formeront une voûte végétale qui apportera une ombre bienvenue. Pour prolonger le plaisir, lors des soirées d'été, des photophores sont accrochés aux montants. Ils distillent une lumière dansante qui crée une ambiance féerique. Le plancher en dur apporte confort et chaleur. Une petite haie de buis souligne le pourtour de cet endroit accueillant.

Une grande simplicité

Pas de fioritures dans le travail du fer forgé ! L'armature est constituée de quatre panneaux fabriqués en atelier. Ces derniers servent de base à huit barres de fer qui forment le toit de cette construction. Les panneaux sont d'une simplicité extrême : deux montants verticaux reliés par deux bandeaux. L'ensemble est soudé. Cette pureté des lignes permet à la structure de se fondre dans le jardin. Chaque panneau est relié à ses voisins par un arceau en fer forgé, formant une sorte de porte. L'accès se fait donc par quatre entrées très larges. Rigide et stable, l'ensemble est fixé solidement dans le sol par des ancrages en béton.

Favoriser l'ombre

Par elle-même, cette structure n'apporte pratiquement pas d'ombre. Malgré son côté anguleux, elle reste néanmoins légère au regard. La mise en place de végétaux en adoucit les lignes et, surtout, permet de filtrer l'intensité du soleil. Des plantes grimpantes s'imposent. Compte tenu de la qualité de l'acier, une glycine aurait pu trouver là un support à sa force. Mais mieux vaut privilégier des espèces dont les feuilles apportent un ombrage léger qui fournit une lumière douce. La gamme est large et chacun optera pour des plantes conformes à ses goûts et en harmonie avec son jardin. On peut aussi faire le choix d'un velum sur un ou deux côtés, qui assurera une lumière tamisée : cela permet de créer un lieu plus intime, de se protéger des rayons rasants du soleil et de ralentir le vent.

MISE EN ŒUVRE

Pas de difficulté majeure pour monter ce kiosque si ce n'est qu'il vaut mieux être deux ou trois pour l'opération. Les panneaux sont en effet assez lourds et, du fait de leur taille, créent un déséquilibre. Pendant que deux personnes tiennent le panneau en place, la troisième ajuste les pieds dans le sol. Le montage des panneaux se fait sur place, l'un après l'autre. Avant de sceller définitivement les pieds, mieux vaut attendre la fin du montage pour corriger les écarts possibles. Une fois tout de niveau, il est alors temps de couler le béton.

Matériel : kiosque en kit, boulons, écrous, ciment, sable, gravier.

Lieu de convivialité

Voilà une construction qui permet de profiter du jardin tout au long de la journée, malgré le soleil ou la pluie. Quoi de plus agréable ?

Plus proche du préau que du kiosque à proprement parler, cette construction s'intègre néanmoins très bien dans ce jardin. Sa structure rectangulaire et anguleuse est largement adoucie par la présence d'une végétation opulente. Des treillis fixés sur chaque poteau supportent des plantes grimpantes. Des rosiers ont déjà colonisé le toit. Des arbustes, à proximité, occupent l'espace, évitant un grand vide peu esthétique. Au fond, une haie sert d'écrin à ce décor et isole cet univers des regards et des bruits. Le sol, en dur, rend l'endroit plus confortable. Toute la famille s'y réunit pour les repas, mais aussi pour des jeux et différentes activités.

MISE EN ŒUVRE ✸ ✸ ✸

Rien de très compliqué dans la construction de ce préau. Le poids des pièces oblige cependant à travailler au moins à deux. Pour que le résultat soit esthétique, la charpente demande quelques compétences de base. Les choses peuvent alors se compliquer. Mieux vaut faire appel à un professionnel ou commander auprès d'un artisan un modèle prêt à poser. La réalisation sera plus rapide et le résultat à la hauteur de vos attentes.

Matériel : poutres, chevrons, planches de rive, tuiles, vis.

DU SOLIDE

C'est l'efficacité et la solidité qui ont prévalu dans la conception de cet auvent rectangulaire. La structure, très classique, est d'une grande simplicité. Quatre solides piliers supportent une charpente et sa toiture en tuiles plates. L'emploi de poutres de grandes dimensions autorise de longues portées qui dégagent l'espace. Ce parti pris offre une plus grande liberté d'utilisation. Le sol est, ici, une surface bétonnée et lissée, facile d'entretien. Cette construction, très fonctionnelle, accueille une famille ayant des enfants en bas âge. Tout le monde peut ainsi profiter sans contrainte des bienfaits du grand air.

Libre ou adossé

Le kiosque est le plus souvent une structure autonome bâtie dans le jardin. Mais rien ne vous empêche de l'adosser à un mur, celui de la maison, par exemple, quand le jardin est trop petit. La construction suit le même schéma, à ceci près que le mur remplace alors deux ou plusieurs poteaux et forme un des côtés du pavillon. Une lambourde fixée sur le mur fait office de support. Pour faciliter le développement de plantes grimpantes, notamment au niveau du « toit », tendez des fils de fer. Les végétaux s'y accrocheront volontiers. Cette structure vient en prolongement de la maison, lui offrant une pièce à vivre supplémentaire. L'ombre des plantes sera la bienvenue lors des chaudes journées d'été. Elle modulera aussi les températures à l'intérieur de la maison. En fer forgé au XXe siècle, maintenant en bois, faute d'artisans ferronniers et pour des raisons de coût, ces constructions si fines et si élégantes reviennent en force, fabriquées dans les pays de l'Est ou en Asie.

Kiosques, gloriettes et tonnelles peuvent adopter les formes les plus variées. Tout dépend du budget de chacun et du savoir-faire de l'artisan qui conçoit et fabrique la structure. Le bois reste un matériau très utilisé car facile à travailler. Le fer forgé revient dans les jardins car il offre des armatures plus fines et plus ouvragées.

KIOSQUES & TONNELLES

4. Ce kiosque japonisant est très original, mais il ne s'accorde pas à tous les jardins ! Mieux vaut que la végétation aux alentours soit adaptée, ce qui est le cas, ici, avec des rhododendrons, des bouleaux et des cornouillers. Le sol, sous le pavillon, est aussi en harmonie avec la structure qui le surplombe.

1. Cette structure en arc de cercle, tout en épaisseur, sert de tuteur à des rosiers grimpants. Quand ceux-ci se seront bien développés, ils fermeront l'espace pour former une tonnelle où il fera bon s'asseoir.

2. Très simple, cette tonnelle en bois n'en exprime pas moins beaucoup de charme ! Sa structure pyramidale est colonisée par des plantes grimpantes.

3. Cet imposant kiosque en bois est suffisamment solide pour supporter des rosiers grimpants très exubérants. La structure est assez complexe et sa réalisation demande un réel savoir-faire.

TUTEURS & VERTICALES

Un jardin n'a de charme que s'il est travaillé en trois dimensions. Mais installer une arche ou une pergola n'est pas l'unique solution pour faire pousser en hauteur des plantes grimpantes ou sarmenteuses : on peut aussi recourir au palissage le long des murs de la maison ou du jardin, ou aux tuteurs pour les plantes des massifs. Du simple bâton fiché dans le sol à la pyramide sophistiquée, toutes les variations sont possibles pour créer des volumes au jardin. Il n'est alors question que de place et de plantes. Les annuelles n'ont généralement pas besoin d'un support très important. Pour des vivaces ou des sarmenteuses comme les rosiers grimpants, mieux vaut anticiper la force des sujets adultes et prévoir des supports solides et résistants. Chaque tuteur doit s'adapter à la plante qu'il soutient. ■

Double page précédente : ces tuteurs pour plantes éphémères sont réalisés avec des bambous fraîchement coupés dont la souplesse permet de faire facilement des arches très fines, mais résistantes.

Ci-contre : les rameaux de noisetier ou le bambou sont très souples quand ils sont verts. Ils se façonnent alors très facilement en arrondis.

L'art de l'oblique

Les plantes s'épanouissent à l'horizontale et à la verticale, mais pas seulement ! Elles apprécient aussi d'autres orientations. La preuve...

Qu'elles soient annuelles ou vivaces, les plantes grimpantes ont cette propriété commune de pousser sans jamais s'arrêter ! Mais pour offrir toute leur beauté, elles ont besoin d'un petit coup de pouce. Parfois, c'est la nature elle-même qui se charge de leur trouver un tronc d'arbre ou une haie sur lesquels elles pourront s'élancer. Au jardin, mieux vaut leur fournir un support spécifique. C'est là que l'imagination et la créativité du jardinier peuvent pleinement s'exprimer pour concevoir des supports originaux. Les plantes se présenteront alors sous des atours différents, mais tout aussi voluptueux et agréables à contempler.

PENDUE DANS LE VIDE

Traditionnellement, les tuteurs et autres supports de plantes sont fichés verticalement dans le sol. C'est là la conséquence d'une longue habitude contractée au potager pour optimiser la production des petits pois ou des tomates. Pourtant, les fleurs savent s'adapter à différentes situations, comme cette ipomée qui gagne en volume et en grâce sur son tuteur incliné : parce qu'elle peut retomber dans le vide, la plante se fait plus volubile et plus généreuse dans sa floraison ; elle occupe plus de volume.

SIMPLE À RÉALISER

Pas de complication pour le jardinier, bien au contraire ! Il lui suffit d'installer ses tuteurs de biais, au moment du semis. Nul besoin de construire des pyramides ou autres supports plus sophistiqués pour donner du volume à ses ipomées ou autres suzanne-aux-yeux-noirs.

DES VARIATIONS SANS PEINE

Ce type de tuteur peut se décliner au gré de l'imagination du jardinier. Le bois se remplace facilement par un arc fait d'un fer en T, par exemple, cintré et solidement maintenu à une extrémité dans un bloc de béton. Les rosiers grimpants s'y épanouissent avec grâce. Une corde que l'on laisse pendre est aussi un excellent support pour les plantes qui savent s'accrocher toutes seules, comme les clématites, le houblon ou le chèvrefeuille.

MISE EN ŒUVRE

Rien de plus facile que d'installer ces tuteurs obliques ! Il suffit d'une bonne massette pour enfoncer les piquets suivant l'angle désiré. Ne dépassez pas un angle de 45° par rapport à la verticale car ces plantes poussent plutôt vers le haut. Les tuteurs en fer sont un peu plus complexes à confectionner, mais tout aussi envisageables pour un jardinier bricoleur.

Matériel : piquets en bois.

Des obélisques au jardin

Placé au milieu des massifs, l'obélisque attire le regard. Il apporte une note originale aux jardins classiques tout en supportant joliment les plantes grimpantes.

Voilà plusieurs siècles que l'obélisque est connu et utilisé, même si ce support a été un peu délaissé au cours des dernières décennies. Cependant, il recouvre une nouvelle jeunesse avec l'arrivée de nouveaux matériaux et l'apparition de formes plus abstraites et plus fantaisistes. Il devient même tendance aujourd'hui ! Il est vrai qu'installé au milieu d'un massif, il séduit par sa forme élancée et élégante, notamment quand il est fabriqué en osier ou en fil d'acier. Mais le bois reste un grand classique toujours apprécié.

Un support puissant

Avec sa structure classique en bois, cet obélisque massif exprime la robustesse ! Largement renforcé, il peut supporter sans broncher le poids d'un rosier grimpant, et plus encore une clématite. Sa forme et son matériau animent cette partie plane du jardin. En multipliant les obélisques, le jardinier joue la carte de la verticalité dans cet espace.

Le choix des matériaux

Le bois souligne le caractère massif d'un obélisque, nécessaire pour qu'il puisse remplir sa fonction de support. L'utilisation de fer à béton donne plus de légèreté à la construction tout en lui procurant une solidité équivalente, voire supérieure. Ce matériau présente le défaut de rouiller sous l'effet de l'humidité. Rouille et feuillage vert des plantes grimpantes forment cependant un contraste harmonieux. Un modèle en aluminium, sans entretien, est aujourd'hui disponible.

Une question de style

Le choix des matériaux dépend avant tout de votre budget : plus le modèle est complexe, plus son prix est élevé. Mais n'oubliez pas également de tenir compte de l'environnement de la structure, des éléments déjà présents dans le jardin et de vos goûts personnels. Et interrogez-vous pour savoir si vous êtes prêt à consacrer plusieurs heures à repeindre vos supports tous les trois ou quatre ans…

MISE EN ŒUVRE

Qu'elles soient en bois ou en métal, ces structures sont complexes à fabriquer. Elles demandent un gros travail de préparation pour découper les éléments à la bonne dimension. Ensuite, l'assemblage exige attention et précision. Deux personnes sont nécessaires pour que l'obélisque soit d'équerre et opérationnel. À défaut de trouver un modèle qui vous convienne dans le commerce, faites-le fabriquer par un artisan.

Matériel : poteaux en bois, vis en acier galvanisé.

Un pommier en parasol

Avec des soins attentifs et un peu d'obstination, il est possible de donner à un arbre une forme particulière, comme celle d'un parasol. Mais il faut savoir se montrer patient !

Laissés à eux-mêmes, les arbres poussent en hauteur et occupent le maximum de volume possible. Cette situation n'est guère envisageable dans un petit jardin, d'autant qu'elle nuit à la production des arbres fruitiers. Cependant, les jardiniers savent depuis la nuit des temps maîtriser la croissance de ces végétaux remarquables. Le Potager du Roi, à Versailles, a été le berceau des expérimentations de La Quintinie et de ses disciples.
Ces précurseurs ont mis au point des techniques employées encore aujourd'hui, même si elles ont tendance à se perdre quelque peu. Elles demandent en effet de l'attention, du temps et de la patience pour récolter les fruits de ses efforts, quelques années plus tard…

Un traitement de choc

Mieux vaut bien définir son objectif avant de se lancer. Cette longue aventure commence par le choix du pommier, qui doit déjà être formé lors de l'achat, avec un long tronc et une ramure haute sur tige. Ensuite, tout le travail du jardinier consiste à encourager le développement de la ramure à l'horizontale, dans toutes les directions, pour obtenir un « plateau » de végétation. Le travail est minutieux car il faut sélectionner les branches à couper et les bourgeons à privilégier.

Un support en étoile

À la plantation, vous veillerez à accompagner l'arbre d'un long tuteur qui dépassera le dessus de la frondaison. Son extrémité servira de pivot aux « baleines » du parasol. Ici, le choix s'est porté sur neuf rayons, le jardinier ménageant une ouverture pour faciliter l'accès à l'ombre. Neuf poteaux, d'une hauteur égale à celle du tuteur central, sont plantés en périphérie, le long d'un cercle. Poteaux et tuteurs sont alors reliés par une traverse montée à mi-bois. Des traverses entre chaque poteau extérieur apporteraient une plus grande robustesse à l'ensemble.

Un travail de taille

Il s'agit ensuite d'intervenir très régulièrement, plusieurs fois par an, pour faire courir les branches du pommier le long de ces « baleines », en attachant les branches. Il faut également supprimer les rameaux qui partent à la verticale, au-dessus de la frondaison. La patience s'impose…

MISE EN ŒUVRE

Monter la structure en bois n'a rien de compliqué en soi. Le plus délicat est la pose du tuteur, au moment de la plantation. L'installation des poteaux extérieurs et des traverses est plus facile à deux. C'est l'adaptation de l'arbre qui est la plus fastidieuse, car elle réclame du temps et ne souffre pas les erreurs dans le choix des rameaux à tailler.

Matériel : poteaux en bois autoclave, vis en acier galvanisé.

Tuteurs et autres supports de plantes peuvent prendre toutes les formes, des plus simples aux plus compliquées. La seule contrainte qui s'impose est de choisir un style et un matériau en accord avec le reste du jardin pour conserver une certaine harmonie au lieu. Mieux vaut également que le modèle choisi soit adapté à la plante afin qu'elle puisse s'épanouir…

1. De hauteurs inégales, ces planches sont posées verticalement et reliées entre elles par un tasseau vissé. Elles maintiennent en place des fleurs exubérantes.

2. Cette boule est réalisée avec du fer à béton lié par du fil de fer. Les fils sont assez nombreux pour favoriser le développement d'une ipomée qui va coloniser toute la structure.

3. La fabrication de cette structure complexe, décorative en elle-même, exige beaucoup de minutie : heureusement, il suffit de la déplier après l'avoir achetée…

4. Très classique, une tour à rosier grimpant, fabriquée en fer plat riveté, donne toujours un excellent résultat avec des rosiers très florifères.

5. Dépouillés et simples à mettre en place, ces tuteurs tirent leur effet esthétique de leur nombre et de leur installation en éventail. Leur efficacité pour soutenir des plantes est plus incertaine…

TUTEURS & VERTICALES

BANCS

BANCS

Le jardin est avant tout un lieu de repos et de contemplation. Quelle satisfaction de regarder ses plantes occuper l'espace et évoluer de jour en jour. Quel plaisir également de pouvoir admirer une belle perspective ou apprécier un point de vue. Quel plaisir (quelle surprise ?) encore de voir tous ces animaux, petits mammifères, nombreux insectes et oiseaux adopter peu à peu cet univers miniature, au point de le faire leur. Encore faut-il être confortablement installé et prendre le temps de rester là, sans bouger, pour que ces petits compagnons reviennent s'activer. Et quel endroit apaisant pour lire ou rêver, voire pour travailler ! Le banc s'avère alors bien pratique, pourvu qu'il soit suffisamment grand pour pouvoir aussi s'y allonger, si l'envie s'en fait sentir... D'autant qu'en lui-même, il constitue un élément esthétique important du jardin. ■

DOUBLE PAGE PRÉCÉDENTE : ADOSSÉ À UN ARBRE, CE BANC RUSTIQUE RÉALISÉ AVEC DES RONDINS DE RÉCUPÉRATION OFFRE UNE BELLE VUE SUR LE JARDIN.

CI-CONTRE : NOYÉ AU MILIEU DES FLEURS, CE BEAU BANC DE GRANITE, BRUT DE TAILLE, JOUE ICI UN RÔLE DÉCORATIF. IL ACCUEILLE QUELQUES PERSONNAGES QUI ANIMENT LE JARDIN.

Au pied de mon arbre…

Ce banc devient vite indispensable au jardinier qui peut ainsi bénéficier de l'ombre de l'arbre quelle que soit l'heure de la journée…

Un banc construit autour d'un arbre est certainement le rêve de tout jardinier ! C'est, sans aucun doute, la quintessence du banc de jardin. Mais pour que le rêve devienne réalité, encore faut-il disposer d'un arbre suffisamment isolé dans son jardin. Cependant, rien n'arrête les plus optimistes qui n'hésitent pas à planter un jeune arbre pour avoir le plaisir de l'entourer d'un banc… Ce type de siège est particulièrement élégant. Il invite au repos, à la lecture ou à la rêverie, d'autant plus qu'il offre toujours une partie à l'ombre. Reste qu'il ne favorise pas les conversations, quand les interlocuteurs se trouvent dos à dos !

À FAIRE SOI-MÊME

Un tel banc est difficile à trouver dans le commerce. Quand bien même vous en découvririez un, il y a de grandes chances pour qu'il ne soit pas adapté à votre jardin. Les fabricants les conçoivent pour de gros arbres, ce qui a une incidence certaine sur le prix de l'objet… Seule solution : le réaliser soi-même. L'entreprise n'est pas compliquée. Avec un peu d'attention et de temps, vous en profiterez rapidement.

CHOISIR LE BON ARBRE

Avant tout, sélectionnez un arbre solide. Le sol qui l'entoure doit être aussi plat que possible et stable. Le banc sera alors plus confortable et ne basculera pas. Évitez donc les arbres dont les racines affleurent près du tronc. Le sol doit aussi être suffisamment plat et dur pour éviter la formation de flaques d'eau, très désagréables quand il faut mettre les pieds dedans…

UNE CONSTRUCTION HEXAGONALE

L'hexagone est la forme la plus adaptée à la construction d'un tel banc car il permet de faire facilement le tour de l'arbre. Cela demande un petit travail supplémentaire pour découper les extrémités des planches, mais l'effet obtenu est plus esthétique. On évite aussi de se trouver trop près du tronc, qui continue à grossir au fil des ans. Après avoir scellé les pieds de l'assise dans le sol et installé les six supports du dossier, il ne vous restera plus qu'à découper les planches à la bonne longueur puis à les fixer sur les montants à l'aide de vis galvanisées ou en inox. Laissez un jour entre les lattes.

MISE EN ŒUVRE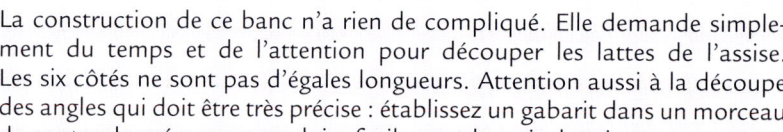

La construction de ce banc n'a rien de compliqué. Elle demande simplement du temps et de l'attention pour découper les lattes de l'assise. Les six côtés ne sont pas d'égales longueurs. Attention aussi à la découpe des angles qui doit être très précise : établissez un gabarit dans un morceau de contreplaqué pour reproduire facilement le trait de scie.

Matériel : poteaux en bois, planches de 5 à 10 cm de large pour 2 cm d'épaisseur, vis en inox ou en acier galvanisé.

L'intimité d'une gloriette

Ce banc artisanal en U est protégé par un large paravent en châtaignier qui crée une certaine intimité dans un coin reculé du jardin.

Si un banc fixé définitivement au sol est une garantie de stabilité pour ceux qui le fréquentent, mieux vaut bien choisir l'emplacement où il sera installé pour limiter les déconvenues ! Son accès doit être aussi facile que possible. La surface sur laquelle il repose doit être assez dure pour éviter la formation de flaques d'eau ou de boue, conséquence très désagréable d'une fréquentation assidue du banc. Enfin, n'oubliez pas de l'orienter pour qu'il offre une vue intéressante sur tout ou partie du jardin : il doit faire face à une certaine perspective.

UNE STRUCTURE ORIGINALE

Au jardin, mieux vaut opter pour un banc équipé d'un dossier car, sinon, la fatigue vient vite. Chacun a en effet envie, à un moment ou à un autre, de se laisser aller en arrière pour mieux contempler un paysage. C'est reposant. Ici, le dossier est formé d'un vaste éventail réalisé avec des branches de châtaignier. Seule la partie centrale en bénéficie, les deux ailes latérales en étant dépourvues.

UNE ALCÔVE VÉGÉTALE

Ce banc est installé sur une petite terrasse en dur qui permet de conserver les pieds au sec, quelle que soit la saison où le siège est utilisé. Des arbres assurent un fond de verdure plus intime, de même que des végétaux plantés de chaque côté du banc ; attention, leurs branches peuvent devenir agaçantes si elles ne sont pas régulièrement taillées.

UNE RÉALISATION SUR MESURE

L'ossature de ce banc très artisanal est réalisée avec des madriers assemblés à mi-bois et vissés entre eux. L'assise est constituée de demi-rondins qui ont été rabotés de chaque côté de manière à pouvoir être fixés bord à bord. Les parties latérales du banc forment un angle de 30° environ par rapport à l'élément central. Cela implique de soigner les découpes pour ajuster les lattes. La finition est assurée par un demi-rondin, vissé juste sous l'assise pour donner un effet décoratif. Le dossier est réalisé avec des gaules de châtaignier frais clouées sur les montants.

MISE EN ŒUVRE

Pas de difficultés majeures pour la réalisation de ce banc. Là encore, le travail de découpe demande du temps et de l'attention, mais reste abordable par tout bricoleur, même débutant. Le dossier est un peu plus complexe et il vaut mieux être deux pour le fabriquer. L'idéal, pour courber les gaules de châtaignier, est de les chauffer à la vapeur. Le noisetier fait aussi l'affaire.

Matériel : madriers, demi-rondins, gaules de châtaignier, vis en inox ou en acier galvanisé.

La simplicité à l'honneur

Ce sont souvent les formes les plus simples qui donnent les meilleurs résultats et les plus belles harmonies. Ce siège en est une preuve supplémentaire !

Installé en limite de pelouse, ce banc sert tout à la fois de siège et de bordure pour délimiter ces deux parties du jardin. Posé là au milieu des plantes, il devient un point de mire pour celui qui observe le jardin. L'envie est alors grande de s'y asseoir pour profiter des fleurs tout en embrassant le reste du jardin. Reste que l'absence d'un dossier et une assise un peu rustique ne le rendent guère confortable. On ne saurait y rester longtemps assis…

MISE EN ŒUVRE

Rien de plus facile que de construire un tel banc. Souvenez-vous toutefois que les traverses de chemin de fer pèsent très lourd : il faut être au moins deux pour les manipuler quand elles sont entières. Pour les couper, une tronçonneuse avec une chaîne bien affûtée s'impose. Attention aux clous qui peuvent encore se trouver dans le bois.

Matériel : traverses de chemin de fer.

UNE SIMPLICITÉ EXTRÊME

Difficile de faire plus simple en matière de banc ! Le propriétaire du jardin a récupéré deux morceaux de traverse de chemin de fer qui lui restaient de la construction d'un muret. Il les a posés à même le sol, en bordure de massif, sans rien d'autre ! Ces morceaux de chêne sont si lourds qu'ils restent en place sans aucun problème. Mais l'assise n'est pas des plus confortables.

Un recyclage astucieux

Ce banc est né d'une opportunité, mais rien ne vous empêche de vous en inspirer pour construire un siège similaire. Constitué de traverses entières, le banc sera déjà plus long et pourra recevoir plusieurs personnes à la fois ; cependant, son confort spartiate découragera les amateurs de sieste. Les traverses peuvent être remplacées par une bille de bois sciée ou par une vieille poutre posée à plat. L'absence de dossier n'est guère agréable. Une haie bien taillée plantée juste derrière forme alors un adossoir acceptable, même s'il ne permet pas de se laisser totalement aller. Mais il faudra attendre que les végétaux poussent…

Un banc peut adopter toutes les formes et se construire avec les matériaux les plus divers. Si le bois est un classique, on peut également envisager d'utiliser la pierre, les briques et le bois, le fer ou la fonte, voire la maçonnerie avec une assise faite de gazon ou de camomille romaine (*Chamaemelum nobile*) : l'effet est original avec un parfum très agréable.

1. Cette branche a été détournée pour devenir – une fois sciée sur ses deux faces à l'aide d'une scie passe-partout – un banc de coin original, posé sur des billes de bois.

2. Une grosse pierre plate sert d'assise à ce banc tandis qu'une haie taillée fait office de dossier et d'accoudoirs, transformant ce banc rustique en « crapaud » végétal.

LES BANCS

3. Voilà un curieux banc qui mélange assise et jardinières pour fleurir le décor ! L'ensemble a été réalisé à partir de plaques de béton, produites par moulage et assemblées par boulons et mortier. L'ensemble a ensuite été peint, avec des motifs décoratifs.

4. Ce banc en fer, peint en blanc, est posé à même la pelouse. Sa forme arrondie favorise les échanges entre personnes assises, qui peuvent toutes se voir, sans avoir à pencher la tête. Il pousse à la conversation, surtout dans cet environnement qui se prête aux confidences.

5. Installé entre deux treillis supportés par des poteaux solidement fixés en terre, ce banc triangulaire offre une intimité certaine. Les cavaliers, vissés sur les poutres du haut, apportent de l'ombre. Un ou deux coussins, et il fait bon contempler les massifs de fleurs.

BORDURES

BORDURES

Difficile de concevoir un jardin sans bordures ! Elles ont un rôle esthétique, mais aussi fonctionnel, quand elles n'assurent pas les deux emplois simultanément... Esthétiques, elles le sont en marquant le contour d'un massif ou la limite d'une allée, voire d'une terrasse. Les bordures matérialisent, par exemple, la séparation entre une surface dégagée, telle qu'un dallage ou une pelouse, et une plate-bande où foisonnent des végétaux. Elles donnent aux allées un aspect mieux fini, plus élaboré. Installées dans un parterre, elles mettent en valeur les plantes qui se trouvent en deçà ou au-delà ; elles servent d'écrin tout en rompant la monotonie que forme cette masse de verdure. Fonctionnelles, elles le sont quand elles contiennent des revêtements « fuyants », comme le gravier, le sable ou les écorces de pin. Elles empêchent également la terre de s'échapper des massifs pour gagner les allées ou la terrasse. Les bordures sont donc un élément indispensable de tout jardin. ■

Double page précédente : planté au milieu du gazon, ce plessis de tiges de châtaignier marque bien la frontière entre pelouse et plantations. Par la rupture du regard qu'il impose, il met en valeur à la fois le gazon et le massif.

Ci-contre : ces pierres scellées à la verticale forment une bordure bien irrégulière, mais en parfaite harmonie avec le gravier de l'allée. Les plantes du massif n'en paraissent que plus exubérantes.

Un trait de couleur

Posées à plat en bordure de pelouse, ces briques assurent une transition franche entre gazon et massif de fleurs. Ce trait de couleur chaude enrichit la beauté du jardin.

Une pelouse n'a pas besoin, fondamentalement, de bordure : elle est bordée naturellement par une allée, une terrasse ou un parterre. Mais certains jardiniers aiment marquer nettement la frontière avec une bande étroite de dalles. Le résultat est satisfaisant sur le plan esthétique et offre un avantage non négligeable pour l'entretien de la pelouse : plus besoin de tailler les bords avec des cisailles à gazon ! Il suffit en effet de passer la tondeuse, deux roues sur la bordure, pour que toute la pelouse soit parfaitement alignée. Quant aux plantes du massif, elles peuvent déborder à loisir sur le gazon, sans risque d'abîmer les graminées qui le composent. Quand elles deviennent trop envahissantes, un coup de sécateur et tout rentre dans l'ordre.

La chaleur de la brique

La brique possède cette couleur magique qui s'harmonise naturellement avec les plantes. C'est même l'un des meilleurs écrins qui soient pour valoriser un végétal. Cette rangée de briques posées à plat en atteste. La réalisation d'une telle bordure est d'une grande simplicité pour un impact visuel très fort. Récupérées dans un vieux mur de maison ou dans une clôture en ruine, ces briques ont la patine du temps qui les rend encore plus agréables à l'œil. Elles offrent un autre avantage, qui n'apparaît pas ici : celui de pouvoir suivre facilement les courbes d'une allée ou d'un parterre.

Différentes poses possibles

Dans ce jardin, les briques ont été posées à plat pour faciliter le passage de la tondeuse et ainsi obtenir une pelouse taillée uniformément, sans la contrainte des finitions aux cisailles. En bordure d'allée, elles seront posées sur chant, pour mieux retenir la terre. Certains jardiniers préfèrent les placer en biais pour obtenir un motif en dents de scie, moins monotone que la pose précédente. Enfin, il est aussi possible de les maçonner pour monter un muret.

D'autres matériaux

La brique n'est pas la seule ressource possible pour réaliser cette bordure plate. Des pavés en béton, autobloquants ou non, font aussi l'affaire. Des dalles de béton, voire en pierre reconstituée, coupées en deux avec une meuleuse à disque, conviennent également. Certains utilisent même des traverses de chemin de fer, enterrées dans le sol de manière que leur surface affleure la base du gazon.

MISE EN ŒUVRE

Ces briques ne servant pas d'allée, elles ne supportent que de manière très occasionnelle le poids d'une partie de la tondeuse à gazon. La pose ne nécessite donc pas de travaux importants. Seule contrainte, il faut veiller à ce que la surface de la brique soit alignée avec la base du gazon pour que la tondeuse puisse faire correctement son travail. Il suffit donc de creuser une tranchée d'une profondeur supérieure de 5 cm à l'épaisseur de la brique. Étalez au fond une couche de sable que vous tasserez à la dame. Puis posez les briques en prenant soin de les aligner avec une règle et un niveau. Tapez avec un maillet ou ajoutez un peu de sable pour bien les positionner. Enfin, comblez les joints avec du sable fin.

Matériel : briques, sable.

Contour tressé

Une bordure en plessis empêche la terre de ce potager de s'aventurer sur le sable de la large allée qui mène au fond du jardin, vers une tonnelle habillée de grimpantes.

Le potager est un lieu très fréquenté. Chaque jour, le jardinier vient y cueillir des légumes ou arracher des mauvaises herbes, quand ce n'est pas arroser ou biner. La terre, parce qu'elle est piétinée, est projetée en tous sens. Elle est aussi « poussée » sur les bords, s'échappant hors de l'espace qui lui est imparti. La bordure en plessis est là pour retenir la terre et l'empêcher de déborder sur l'allée. Elle a aussi pour mission de marquer la limite, de manière franche, entre le potager, où règne une certaine exubérance, et l'allée, stricte et parfaitement tenue.
Finalement, allée et potager se valorisent l'un l'autre, grâce à la bordure qui marque une transition nette.

MISE EN ŒUVRE

Épointez des piquets et plantez-les à la massette, tous les 40 à 50 cm, sur le tracé de la bordure. Il suffit ensuite de tresser sur cette structure des branches fraîchement coupées. Pour assurer la continuité du travail, décalez les branches à chaque rang, de manière qu'elles ne débutent ni ne s'arrêtent aux mêmes endroits. L'alternance de branches de longueurs différentes participe aussi à l'homogénéité de la construction. Pour terminer, coupez les piquets avec une scie d'élagage pour les rabattre à quelques centimètres au-dessus de la dernière branche.

Matériel : piquets épointés, branches de noisetier ou d'osier fraîchement coupées.

UNE TECHNIQUE ANCESTRALE

Le plessis est pratiqué depuis la nuit des temps dans les campagnes. Cette technique a l'avantage d'être facile à mettre en œuvre et d'utiliser des matériaux disponibles partout à proximité immédiate. Quelques piquets et des branches coupées à la serpe dans les arbres avoisinants, et le plessis est en place. Son entretien est tout aussi simple : quand les branches cassent sous le poids de la terre ou qu'elles finissent par pourrir, il suffit de les remplacer par d'autres, fraîchement coupées.

BORDURES

UNE GRANDE SOUPLESSE D'UTILISATION

Le plessis offre bien des possibilités au jardin. Il est d'autant plus pratique qu'il épouse aussi bien les lignes droites que les courbes, même si, pour ces dernières, la réalisation demande un bon coup de main. Au Moyen Âge, le plessis était utilisé en bordure de 60 à 80 cm de haut pour surélever les plates-bandes du potager. La terre se réchauffait ainsi plus vite dès que les premiers rayons printaniers faisaient leur apparition. Et puis, cela évitait de travailler le dos courbé pour cultiver la terre : elle venait à hauteur d'homme ! La technique revient au goût du jour. Le plessis s'emploie également pour retenir la terre. Courant en bord de rivière, il trouve aussi sa place au jardin pour créer des terrasses. Avec de l'osier, le résultat est très décoratif. Les meilleures essences pour cet usage sont le coudrier, le châtaignier et le noisetier.

À flanc de coteau

Les bordures trouvent aussi leur place dans des jardins en pente. Leurs dimensions doivent alors être adaptées au terrain, ce qui ne les prive pas de leurs qualités décoratives.

Pour gagner de la place et profiter au mieux de la configuration du terrain, la bordure s'est transformée en partie en muret de soutènement... Cette astuce technique a permis de créer une allée dans cette partie du jardin à la pente assez marquée. L'emploi de traverses de chemin de fer apporte une solidité certaine à l'ouvrage. Pour éviter la monotonie et l'effet de masse d'un tel ensemble, chaque traverse présente une hauteur différente. Les plantes en profitent pour déployer avec grâce quelques tiges vagabondes.

MISE EN ŒUVRE

La réalisation de cette bordure est surtout un travail de terrassement. La pelle et la pioche sont les deux outils nécessaires pour faire la tranchée. Mais compte tenu de sa profondeur, mieux vaut avoir recours à une petite pelleteuse, qu'il est possible de louer à la journée. Le plus raisonnable est encore de demander à un professionnel de se charger de ce travail : il ira beaucoup plus vite que vous, en faisant moins de dégâts ; la pose des traverses, très lourdes car très grandes, en sera aussi facilitée.

Matériel : traverses de chemin de fer, pavés, gravier, béton, sable, film polyane.

UN GROS TRAVAIL DE TERRASSEMENT

Une telle bordure doit être solidement implantée pour pouvoir résister à la pression exercée par la masse de terre qu'elle retient. Cela impose un important travail de terrassement car chaque traverse doit être enfoncée de la moitié de sa hauteur. La profondeur de la tranchée sera égale à la hauteur à enterrer de la traverse la plus haute. Un lit de gravier en fond d'excavation drainera l'eau et une couche de béton assurera un bon scellement. Quant aux pavés, ils sont posés sur un lit de sable, contre les traverses. De l'autre côté, ils seront bloqués par un cordon de mortier qui les maintiendra bien en place. Avant de ramener la terre jusqu'aux traverses, protégez ces dernières d'un film de polyane, fixé à l'aide de clous ou d'agrafes. Vous éviterez ainsi que l'eau ne vienne directement au contact du bois.

BORDURES

Un tressage original

De longues lames d'acier remplacent avantageusement les branches de noisetier ou les tiges refendues de châtaignier pour la construction de ce plessis.

La terre de ce massif de fleurs surélevé est retenue par un plessis original et inattendu : en acier. Surprenant de prime abord, le résultat est plutôt réussi. La teinte ocre qu'il a prise sous l'effet de la rouille n'est pas sans rappeler les couleurs chaudes de la brique. Elle est en parfaite harmonie avec le vert des plantes et les coloris lumineux des fleurs. De plus, ces lames assez étroites (5 cm) sont gracieuses et légères. Leur régularité donne une bordure très agréable à l'œil et elles retiennent efficacement la terre.

MISE EN ŒUVRE

Comme pour tous les plessis, il faut d'abord enfoncer des piquets à intervalles réguliers. Posez ensuite les lames d'acier en les plaçant alternativement de chaque côté du premier piquet en tête de rang. Travaillez à deux ou trois pour que les lames restent parfaitement horizontales. Très souples, elles peuvent épouser des courbes. Mais pour les angles droits, c'est une autre affaire. À moins de les plier au bon endroit avec des grosses pinces de forgeron. Et encore...

Matériel : lames d'acier, piquets épointés.

DES LAMES QUI PÈSENT LEUR POIDS

Bien que fines et étroites, ces lames d'acier font un poids respectable ! Elles mesurent environ 5 m de long et leur souplesse, qui est leur atout principal, n'est guère pratique quand il faut les transporter. En outre, elles sont vendues par paquets de dix ou vingt, ce qui impose de disposer d'un moyen de manutention pour les manipuler. Faites-les donc livrer chez vous par votre revendeur et demandez à des amis de venir vous aider pour les amener à pied d'œuvre. D'ailleurs, pour poser les lames sur le plessis, vous ne serez pas trop de trois. Le travail sera plus précis et plus rapide.

L'art de la récupération...

Vos bouteilles en verre vides vous encombrent ? Eh bien, utilisez-les dans votre jardin pour créer une bordure tout en transparence, avec un petit air vieillot des plus jubilatoires...

Puisque les bouteilles de vin ne sont désormais plus consignées, elles encombrent les caves et les garages de ceux qui n'ont pas la possibilité de les déposer dans un conteneur destiné au recyclage du verre. Dans l'attente d'une éventuelle utilisation pour embouteiller soi-même du vin, mieux vaut les récupérer et les recycler au jardin. Cette bordure d'un vert franc s'accorde bien aux autres coloris. Sa transparence apporte également une dimension originale aux massifs et aux allées qu'elle ceinture. Si elles sont suffisamment enfoncées, les bouteilles peuvent retenir la terre d'une plate-bande surélevée. Et leur côté un peu kitsch n'est pas sans charme...

TÊTE EN BAS !

Les bouteilles sont posées la tête en bas de manière à offrir leur partie la plus large et la plus régulière pour bâtir la bordure. Inutile de chercher à les enfoncer avec une massette ! Il faut creuser une tranchée et les mettre délicatement en place. Pour rompre la monotonie de cet alignement en rang d'oignons, on peut envisager de découper avec un diamant le fond de quelques bouteilles qui seront réparties de manière aléatoire dans la bordure. Remplissez-les avec du terreau et glissez-y des plantes à massifs, comme des œillets d'Inde. L'effet est garanti. Une bouteille plus petite disposée çà et là créera un décrochement intéressant. Il suffira alors d'installer une plante juste derrière, qui viendra coloniser le devant de la bordure.

MISE EN ŒUVRE

En raison de leur fragilité, les bouteilles doivent être déposées, le goulot vers le bas, au fond de la tranchée. Prenez la précaution de tendre un cordeau pour matérialiser la hauteur de la future bordure. Tenez la bouteille bien droite et remettez de la terre pour la caler en position verticale. Tassez de chaque côté avec un morceau de bois.

Matériel : bouteilles en verre.

BORDURES

Des ronds pour faire des ronds

Plantés verticalement, les rondins épousent avec une grande souplesse toutes les courbes et les figures plus complexes. Et ils sont faciles à poser.

Ces rondins forment une bordure qui s'accommode très bien du gazon, d'un côté, et de la naissance d'une allée en gravier, de l'autre. Surtout, ils délimitent parfaitement le massif de fleurs qui surplombe légèrement le jardin, offrant une barrière efficace pour retenir le paillis qui a été étalé sur la terre. Avec le temps, chacun d'eux a un peu bougé de sa place initiale. Ils ne sont plus tous à la même hauteur, ni tout à fait verticaux. Ce petit côté désordonné ne donne que plus de force à la bordure.

UNE POSE TRÈS SIMPLE

L'installation des rondins de petite hauteur (d'une trentaine de centimètres au total) est simple : il suffit de les ficher en terre en suivant le tracé de la bordure. Aidez-vous d'une massette pour faire pénétrer leur extrémité épointée.

Ici, les rondins dépassent de 10 à 15 cm. Plus la partie aérienne est haute, plus le diamètre doit être grand et la partie enterrée importante. À partir de 40-50 cm au-dessus du sol, la partie enterrée doit être égale à la partie aérienne. Tenez-en compte lors de l'achat. De 10 à 40 cm, les rondins sont installés dans une tranchée et bloqués avec la terre qui est remise en place et tassée avec une dame. Au-delà de 40 cm, leur base doit être maintenue en place, au fond de la tranchée, avec du béton. N'oubliez pas de prévoir au fond de l'excavation une couche de gravier d'une dizaine de centimètres d'épaisseur pour drainer l'eau. Un tissu géotextile placé derrière les rondins évite le contact direct entre la terre et le bois.

> **MISE EN ŒUVRE**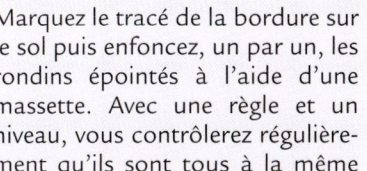
>
> Marquez le tracé de la bordure sur le sol puis enfoncez, un par un, les rondins épointés à l'aide d'une massette. Avec une règle et un niveau, vous contrôlerez régulièrement qu'ils sont tous à la même hauteur, afin de donner une homogénéité à la bordure.
>
> **Matériel :** rondins épointés, éventuellement gravier, béton, géotextile.

Le charme indémodable du buis !

Quoi de plus élégant qu'une haie de buis bien taillée ? Son maintien impeccable s'accorde à la fois avec l'aspect minéral du gravier et le débordement des fleurs du massif.

Symbole du jardin à la française, où il est largement employé pour créer ces broderies caractéristiques, le buis en a conservé une part de mystère. Il est vrai qu'il se mérite tant sa croissance est lente, du moins par rapport à la plupart des plantes du jardin ! Mais quel résultat quand le jardinier a su laisser du temps au temps... L'élégance stricte d'une taille sévère vient équilibrer à point nommé l'allure un peu dégingandée des autres végétaux. C'est ce contraste qui fait tout le charme du buis. Et il est encore plus gracieux quand il forme des bordures incurvées...

MISE EN ŒUVRE

Installez vos buis dans une tranchée d'une vingtaine de centimètres de profondeur que vous comblerez avec la terre enrichie de compost. Prévoyez une distance de plantation de 15/20 cm entre les sujets. Quelques années plus tard, ces plants formeront une ligne continue. Les premières années, la taille n'est pas nécessaire. Puis elle doit être effectuée deux à trois fois par an pour maintenir la haie dans sa silhouette définitive. Cela renforce et homogénéise aussi la végétation sur toute sa hauteur.

Matériel : plants de buis.

UNE PLANTE TRÈS SOUPLE

Le buis (*Buxus sempervirens*) se prête parfaitement à la création de haies basses géométriques. La variété 'Suffruticosa' est la mieux adaptée et la plus couramment utilisée. Une taille régulière pratiquée plusieurs fois par an maintient la plante dans les dimensions de la haie. L'intervention se fait avec des cisailles qui donnent un résultat plus net et évitent de blesser les plantes. Le buis peut être remplacé par de la santoline (*Santolina*) ou du chèvrefeuille (*Lonicera nitida*) qui se taillent de la même manière. Ces plantes sont peu exigeantes en matière de sol et de fertilisation. Elles se contentent, la plupart du temps, de l'eau du ciel et sont peu sensibles aux maladies. Seule contrainte pour obtenir ce bel effet visuel au jardin : les tailler plusieurs fois par an !

Une bordure composée

Quand la chaleur du bois s'associe au caractère minéral des galets, cela forme un écrin original et très graphique pour les plantes en bordure d'une allée.

Voilà un joli travail de mosaïque pour réaliser cette bordure ! Plusieurs matériaux se combinent pour un résultat sophistiqué, mais agréable à l'œil. Les plantes viennent adoucir l'aspect strict et rigide de la composition : des pieds d'ophiopogons sont installés çà et là dans les galets tandis qu'une vivace occupe l'emplacement d'un pavé dans l'allée, pour rompre la monotonie de ce revêtement. En venant s'étaler largement sur la bordure, les plantes du massif apportent un heureux contrepoint à cette figure de style austère.

Une association sophistiquée

Cette bordure n'est pas des plus simples ! Un madrier sert de bordure plate tout au long de l'allée principale, assurant la transition entre les pavés et le massif de fleurs. Au croisement d'une allée secondaire, le propriétaire des lieux a voulu enrichir la composition d'un motif supplémentaire en mettant en place une bordure double : un rondin de pin traité en autoclave est posé en parallèle du madrier, à une vingtaine de centimètres ; l'espace ainsi ménagé est comblé avec des galets de rivière de calibre moyen. Le résultat est très esthétique. À terme, de l'herbe ou de la mousse devraient se développer sur les joints en sable des pavés de l'allée, complétant la belle débauche des plantes.

MISE EN ŒUVRE

Les madriers sont placés en bordure d'allée sur du sable, avant la pose des pavés qu'ils maintiennent en place. Le rondin est scellé par du mortier en bordure de pavés. Avant de mettre les galets en place, mieux vaut étaler un géotextile pour éviter qu'ils ne s'enfoncent dans la terre. La construction n'est pas compliquée en elle-même, mais elle demande de la patience et de la méthode pour travailler dans le bon ordre.

Matériel : madriers, rondins de pin traité, pavés, mortier, galets, géotextile.

Une bordure rustique

Ces troncs d'arbres posés à même le sol marquent la limite entre allée et massif tout en retenant la terre. Ces grands costauds ne font pas dans la dentelle...

Par leur taille, ces troncs d'arbres forment une bordure imposante. En retenant efficacement la terre, ils ont permis de surélever les massifs. Les plantes dominent l'allée. Certaines retombent même largement sur le gravier, ce qui anime et allège la construction. Le gros diamètre des troncs ne permet pas de suivre de courbes. En conséquence, le dessin des bordures est très géométrique. Il est ici amplifié par la forme de l'allée qui dessine un S. Le gravier ajoute une touche minérale. Ce côté un peu froid et agressif est en partie atténué par la présence des plantes et par la sympathique rondeur des troncs, qui introduit une relative douceur.

Détournement d'usage

Ces troncs sont posés dans une légère tranchée, sur un lit de sable qui leur assure une bonne stabilité. Pour plus de sécurité, il est possible de les sceller en déposant une bande de mortier de chaque côté du tronc, au fond de l'excavation. Le tracé de la bordure ne s'embarrasse pas d'arrondis : pour les courbes, de petites longueurs assurent grossièrement la rupture de direction ; les extrémités sont posées bord à bord. Rien ne vous empêche toutefois de les tailler suivant deux angles qui permettent de les réunir face contre face. Pour un angle droit, deux coupes à 45° assurent une jonction parfaite. Pour les autres angles, un peu de géométrie s'impose.

D'autres matériaux

Ce type de bordure peut aussi être réalisé avec des traverses de chemin de fer posées sur chant, dans leur longueur. Des poutres en béton sont également envisageables. Il existe même des traverses en béton qui ressemblent à s'y méprendre à leur modèle ! Vous pourrez par ailleurs vous procurer des poutres en bois spécifiquement conçues pour cet usage.

MISE EN ŒUVRE

La réalisation de cette bordure est très simple dans le principe : il suffit de poser les billes de bois à même le sol, en creusant un peu la terre pour qu'elles restent bien en place. Une fois à la bonne hauteur, la terre est ramenée de chaque côté et bien tassée. Du fait de leur taille, et donc de leur poids, mieux vaut être plusieurs pour manipuler les troncs.

Matériel : billes de bois, sable, mortier.

Les matériaux ne manquent pas pour réaliser des bordures. Les fabricants proposent des éléments prêts à poser toujours plus diversifiés et simples à mettre en œuvre. Mais il est aussi possible de détourner de nombreux éléments pour les installer entre allées et massifs ou pelouse et plates-bandes !

BORDURES

1. Simples et rectangulaires, ces bordures en béton se posent aisément ; il suffit d'en sceller la base avec du béton.

2. Ces tuiles plates fichées verticalement en terre matérialisent la limite entre l'allée engazonnée et le massif de fleurs. Elles ont ici un rôle très symbolique, mais efficace.

3. Simplement posés sur le sol, ces troncs d'arbres abattus dans la propriété ont été recyclés en bordures entre la pelouse et une opulente plate-bande de fleurs.

4. Une longue bande d'acier sépare la pelouse de l'allée pavée. Cette technique était très en vogue au début du xxe siècle, quand le fer était roi. Discrète et efficace, elle a toujours sa place au jardin.

5. De gros galets posés côte à côte forment une bordure sommaire, mais très graphique, transition harmonieuse entre le gravier et les plantes luxuriantes.

SAVOIR-FAIRE

L'art de la frontière

Héritage du jardin à la française, la bordure est un élément indispensable pour tout jardinier. Peut-être parce que nous adorons borner notre univers, cartésiens que nous sommes. Heureusement, matériaux et techniques de pose offrent choix et variété.

Les extrémités des tiges fraîches de noisetier ont été récupérées pour décorer cette bordure en bois.

Bordures de végétaux

Le buis reste incontournable pour créer des bordures vivantes. Pourtant, sa croissance lente ne semble guère compatible avec l'impatience du moment. C'est probablement son côté médiéval qui rassure : il ramène à des racines culturelles lointaines et solides... Pour un résultat satisfaisant, on recommande les variétés à petites feuilles, installées en plein soleil, dans une terre riche et bien drainée. Si *Buxus sempervirens* 'Suffruticosa' est un grand classique, mieux vaut lui préférer 'Myrtifolia', voire une autre variété, *Buxus microphylla* 'Faulkner'.

La plantation est simple. Matérialisez la ligne qui vous servira de repère avec un cordeau pour respecter un strict alignement. Creusez à la bêche une tranchée de 10 cm de profondeur sur 15 cm de large. Déposez au fond une couche de sable grossier qui facilitera le drainage car le buis ne supporte pas les sols détrempés. Apportez ensuite du compost enrichi aux algues et un engrais à diffusion lente ou de la corne torréfiée. Ces engrais riches en azote stimuleront la pousse des jeunes arbustes. Disposez les plants en godets à raison de 6 à 10 sujets au mètre, en moyenne. Mettez-les en place, arrosez abondamment puis recouvrez la terre avec un paillage pour conserver l'humidité.

Il n'y a pas que le buis pour composer des bordures végétales. Thym, santoline, bambous nains, chèvrefeuille arbustif (*Lonicera nitida*), lavande, if (*Taxus baccata*), aromatiques comme le persil ou la ciboulette : à vous de trouver la bonne plante en fonction de votre sol, de la place disponible et du climat de votre région.

Fascines et autres plessis

Faciles à réaliser, ils offrent aussi l'avantage de se contenter de matériaux que l'on peut trouver sur place. Mais plus les branches utilisées seront régulières et de taille similaire, plus le résultat sera fin. L'avantage d'une telle construction est qu'elle ne demande aucun entretien. Pour créer ce type de bordure, il suffit de planter des piquets, de tresser les brins et de couper ce qui dépasse. Préférez les branches fraîchement coupées, plus souples et plus faciles à travailler. Si les brins sont secs, n'hésitez pas à les plonger toute une nuit dans de l'eau avant de les utiliser. Pour que la fascine soit régulière sur toute sa longueur, décalez les branches à chaque rang, afin qu'elles ne débutent ni ne terminent le tressage toutes au même endroit. Une fois la pose terminée, taillez les brins qui dépassent entre les piquets avec un sécateur. Coupez aussi la tête des piquets à 2 ou 3 cm au-dessus du dernier brin.

Rondins et autres éléments verticaux

Les rondins de petite taille (jusqu'à 40 cm) sont généralement vendus épointés. Il ne reste plus qu'à les mettre en place en les enfonçant un par un à l'aide d'une massette ou d'une masse. Au-delà, du terrassement s'impose ! Creusez une tranchée du double du diamètre des rondins et d'une profondeur supérieure de 8 à 10 cm au tiers de leur hauteur. Déposez au fond des graviers qui serviront de zone de drainage, puis placez les rondins côte à côte. Rebouchez avec de la terre. Pour des hauteurs au-dessus du sol supérieures à 40 cm, mieux vaut sceller les rondins avec du béton pour qu'ils tiennent bien en place. C'est aussi vrai avec les traverses de chemin de fer.

BORDURES

Poser les traverses de chemin de fer à plat, en les enterrant de manière que leur bord supérieur affleure le niveau du gazon, facilite les opérations de tonte. Il suffit alors de faire rouler les roues de la tondeuse sur le bois pour que la pelouse soit parfaitement tondue, sans avoir besoin d'un coupe-bordure.

Pierres et autres éléments reconstitués

Pavés recyclés et autres pierres aux formes plus ou moins cubiques sont d'excellents matériaux pour construire des bordures. Ils peuvent être posés au ras de la surface du sol ou bien former un muret de faible hauteur. La pose au ras du sol se fait dans une tranchée, sur un lit de sable. La profondeur de l'excavation doit être supérieure de 2 à 3 cm à la hauteur de la pierre afin que tous les éléments puissent être mis à la même hauteur. Ce « trait » sur le sol souligne le contour des massifs et assure une belle finition de la pelouse. Pour le muret, les pierres seront scellées sur un mortier maigre étalé au fond de la tranchée. Des joints en ciment assureront une meilleure cohésion de l'ensemble. La barrière ainsi formée retiendra la terre et l'eau qui pourraient s'échapper du massif pour envahir l'allée.

On trouve dans le commerce un grand nombre d'éléments en béton ou en pierre reconstituée spécifiquement conçus pour les bordures. La pose se fait soit directement sur une rigole dont le fond a été tassé avec une dame, soit sur une couche de mortier maigre afin que l'ensemble soit bien scellé pour mieux retenir la terre.

Rondins et autres éléments horizontaux

La pose horizontale de rondins, troncs d'arbres, traverses de chemin de fer et autres éléments est simple et rapide. Une légère excavation maintiendra la bordure en place. Tassez le fond de la rigole avec une dame, puis apportez une couche de sable pour bien stabiliser les éléments ronds. S'ils doivent retenir de la terre, mieux vaut enfoncer des piquets en fer derrière la bordure et solidariser cette dernière avec de longs clous qui seront rabattus sur les piquets.

BORDURES EN TRAVERSES DE CHEMIN DE FER

1 Traverses de chemin de fer
2 Pointes d'acier de 30 cm
3 Plate-bande

Ce petit muret prolonge l'allée tout en valorisant les plantes du parterre. Il est bâti avec des pavés récupérés et scellés entre eux avec du mortier. Les joints sont un peu trop épais !

Cette technique de pose s'applique à toutes sortes de matériaux, naturels ou récupérés. Rien ne vous empêche, par ailleurs, d'associer plusieurs matériaux pour créer des bordures qui changent d'aspect au détour d'un massif.

Dalles et autres plaques

Dans les Vosges, les anciens utilisaient de larges dalles de grès en guise de bordure. Très hautes pour compenser la fragilité de la roche, elles étaient enfouies dans une tranchée sur 80 % de leur hauteur ; ainsi posées, elles étaient stables et solides. Dans l'Ouest, l'ardoise remplaçait le grès ; plus résistantes, les dalles pouvaient alors être moins hautes.

Il est difficile, aujourd'hui, de trouver un artisan qui produise encore ces dalles. Par chance, vous pourrez peut-être en récupérer. D'autres matériaux les ont remplacées, le béton tout particulièrement. Chaque jardinier fabriquait autrefois ses dalles à l'aide d'un moule en bois et de quelques fers à béton. Aujourd'hui, elles sont largement disponibles dans le commerce. Les plus simples sont plates et rectangulaires, avec parfois un motif fait d'arrondis sur la partie supérieure. La maîtrise de la technique du moulage par les industriels débouche sur des bordures plus sophistiquées, allant jusqu'à reproduire des rondins.

La pose se fait en creusant une tranchée puis en mettant les plaques debout. Pour maintenir celles-ci en place, tassez la terre avec un morceau de chevron qui servira de dame. Pour une meilleure tenue, on peut couler un peu de mortier de chaque côté de la dalle, au pied. Une fois le mortier sec, on rebouche la tranchée avec de la terre.

La brique, un cas particulier

C'est le matériau magique du jardinier ! Elle peut s'utiliser à plat, pour marquer le bord d'une pelouse : la tondeuse peut alors circuler dessus, ce qui permet d'obtenir une bordure nette, sans devoir jouer des cisailles. Sur chant, elle dessine encore plus nettement le bord d'un massif. Droite et face à l'allée, elle forme un muret discret, mais efficace. Certains la posent inclinée à 45° pour créer un effet de chevrons des plus esthétiques au jardin. La pose se fait toujours sur un lit de sable, au fond d'une tranchée dont la profondeur fera 2 à 5 cm de plus que la partie qui sera enterrée. Pour les briques inclinées, l'emploi d'un mortier maigre assure une meilleure stabilité dans le temps.

BORDURES

La brique peut aussi être utilisée pour bâtir un petit muret de deux à trois rangées. La pose s'effectue alors sur une fondation en béton. Une profondeur d'une dizaine de centimètres sur une largeur de 4 cm supérieure à celle de la brique suffit (2 cm de chaque côté). Faites alterner les joints et soignez leur finition.

Barrières et autres plaques

Le choix de barrières d'une trentaine de centimètres de haut ne cesse de s'élargir au fil des années. En bois très souvent, elles se déclinent aussi en modèles à armature de fer et tressage de différents matériaux. L'osier sec est également très présent. En modules d'un mètre de long, ces barrières sont dotées de deux ou trois pieds. Il suffit de les enfoncer dans le sol à l'aide d'un maillet pour obtenir en un clin d'œil une bordure.

On trouve aussi des éléments en fonte d'une vingtaine de centimètres de largeur, que l'on met en place en enfonçant leurs dents en terre. Ils donnent un aspect ancien au jardin qui n'est pas sans s'harmoniser avec des formes plus modernes.

BORDURE EN FONTE

Bien entendu, il existe des modèles semblables en matériau synthétique, polypropylène le plus souvent. Quant au grillage bas, d'une vingtaine de centimètres de hauteur, sa pose nécessite de sceller des poteaux en terre et de tendre des fils de fer pour un résultat à l'esthétique discutable.

D'AUTRES EXEMPLES DE BORDURES

CES BORDURES EN TERRE CUITE S'HARMONISENT AVEC LES PLANTES.

TRADITIONNELLEMENT EN FONTE, CES BORDURES SONT DISPONIBLES AUJOURD'HUI EN PLASTIQUE.

FACILES À FAIRE SOI-MÊME, CES BORDURES EN BÉTON SONT TRÈS CLASSIQUES.

BORDURES EN BRIQUES POUR MASSIFS

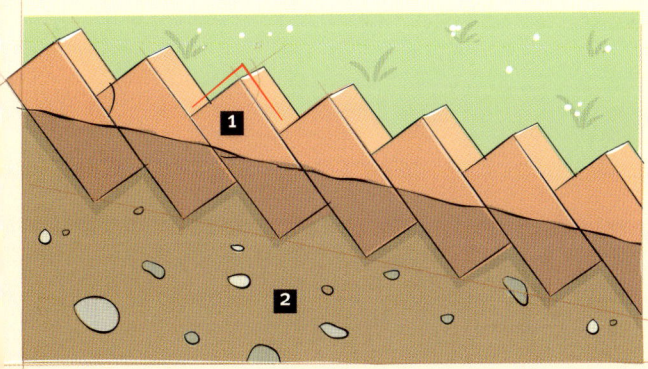

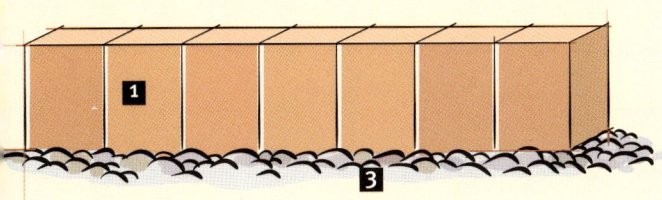

1 Briques inclinées à 45° ou verticales   **2** Terrain naturel
3 Plate-bande de gravier

Bricolage et récupération

Rien ne vous empêche de créer vous-même vos propres bordures. Des tiges de noisetier fraîches fichées en terre pour former des arceaux marquent bien les limites d'un massif. Des échalas de châtaignier ou des bambous attachés par de la ficelle naturelle sur des piquets constituent aussi une bordure simple et élégante. Une planche, enfoncée en partie dans le sol et maintenue à la verticale par quelques piquets disposés à intervalles réguliers, permet de réaliser des plates-bandes à « planches pourries » très populaires à l'époque de Le Nôtre et de La Quintinie.

La récupération ouvre aussi de nombreuses perspectives. Des tuiles composent une barrière verticale qui s'harmonise bien avec les plantes, de même que les briques. Les ardoises de toit conviennent aussi, à condition de les doubler pour les rendre plus résistantes aux chocs. Des bouteilles vides posées à l'envers introduisent un certain kitsch… La pose de ces matériaux se fait en creusant une tranchée que l'on rebouche ensuite en tassant bien la terre. Plus la partie enfouie est importante, plus la partie aérienne est solide. Attention de ne pas les casser avec un outil !

BASSINS

BASSINS

L'eau est un élément très important dans l'aménagement d'un jardin. Une étendue calme introduit une note apaisante. Le ciel s'y reflète, avec ses variations de couleurs. Miroir pour la végétation, le bassin agrandit l'espace. Et par temps chaud, la musique d'un jet bouillonnant ou d'une petite cascade est évocatrice de fraîcheur. Un plan d'eau est aussi un tremplin privilégié pour observer la nature, redécouvrir sa richesse et se ressourcer. Véritable leçon de choses vivante, le jardin aquatique s'épanouit sous vos yeux. C'est une école de patience, d'humilité et de respect. Il offre, en plus, un plaisir auditif et visuel qui favorise la méditation, la contemplation, le rêve... De quoi s'évader un peu plus dans son propre jardin ! ■

DOUBLE PAGE PRÉCÉDENTE : DE CE PONT DE BOIS QUI TRAVERSE UN GRAND BASSIN NATUREL, LA « TERRE » PREND UNE AUTRE DIMENSION. UN MONDE NOUVEAU S'OFFRE AU REGARD DE CELUI QUI L'EMPRUNTE.

CI-CONTRE : LA SURFACE DU BASSIN EST UN VÉRITABLE MIROIR QUI REFLÈTE LE CIEL ET LES PLANTES DU JARDIN. L'EAU A AUSSI DES PROPRIÉTÉS TRÈS RELAXANTES BIEN APPRÉCIABLES POUR S'APAISER L'ESPRIT.

Des formes naturelles

Proches des mares qui jalonnent la campagne, ces bassins s'intègrent mieux dans les jardins modernes qui privilégient l'abondance de la végétation.
Ils favorisent le retour à la nature.

Les formes naturelles, aux lignes souples et arrondies, sont aujourd'hui les plus recherchées. La végétation y tient une place prépondérante. Par l'aménagement des berges, l'installation de plantes et la création de zones humides, on s'attache à réinventer un milieu proche de la nature qui permet de profiter pleinement du monde aquatique.
La faune sauvage s'y attarde volontiers, ce qui n'est pas le moindre charme de ce décor.

MISE EN ŒUVRE

Ce type de plan d'eau est simple à mettre en œuvre : chacun peut le réaliser, sans l'aide d'un artisan. L'étanchéité est assurée par une bâche posée au fond d'une excavation. Le plus difficile est encore le terrassement ! Pour que le bassin s'intègre naturellement dans le jardin existant, faites des simulations en établissant des plans. Au besoin, consultez un spécialiste pour définir la forme la plus adéquate ainsi que le meilleur emplacement. Inspirez-vous également des jardins aquatiques déjà en place. Vous y trouverez des idées d'aménagement ou d'installation. Il faut savoir s'inspirer de ce qui est déjà fait, y compris des erreurs commises...

Matériel : géotextile, bâche, pompe, filtre, galets, bordures.

EN OSMOSE AVEC LA NATURE

Grâce au développement rapide des plantes aquatiques installées sur les berges, le bassin se fond très vite dans le paysage. Il en devient un élément central. Une bordure gazonnée en pente douce offre une vue sur l'ensemble du plan d'eau. Pour peu que la végétation aquatique aille en taille croissante vers l'arrière-plan, la perspective sera encore accentuée. Le regard peut aussi être focalisé sur un élément de décoration dans le bassin : nénuphars en fleur, fontaine ou jet d'eau. L'utilisation de matériaux locaux (pierres de pays, par exemple) pour construire les berges facilite encore l'intégration du bassin dans son environnement.

La bonne forme

La forme d'un bassin naturel dépend de la surface disponible et de l'environnement dans lequel le jardin aquatique s'insère. Jouez la simplicité pour minimiser les problèmes techniques. Quels que soient sa forme et son emplacement, le bassin doit pouvoir être facilement contemplé. Proche de la maison, il se trouvera dans son prolongement en partant d'une fenêtre ou d'une terrasse. Installé au fond d'une propriété, il focalisera l'attention et les regards. En aucun cas, il ne devra prendre place en hauteur, sur un monticule, ni dans une cuvette profonde : dès que vous vous en éloigneriez, vous ne le verriez plus.

Jouer avec la topographie

Si le terrain est naturellement en pente, mieux vaut en profiter. Un muret ou un remblai de terre assurera le maintien du bassin sur la partie aval, tandis qu'une cascade trouvera naturellement sa place sur la partie amont.

Des formes géométriques

Les formes strictes, carrées ou rectangulaires, conviennent davantage à des jardins structurés.
Les bassins circulaires s'adaptent en revanche à tous les environnements.

Ces bassins s'épanouissent dans les jardins à la française où une organisation rationnelle des plantes et des lieux tend à la maîtrise absolue de la nature et des éléments. Cette approche classique se retrouve aussi dans les jardins italiens, héritiers de la Rome impériale, ou dans les créations byzantines : l'eau y est très présente, mais sous des formes qui requéraient de complexes systèmes hydrauliques. Cascades, jets d'eau, ruisseaux, filets d'eau et autres « eaux animées » sont omniprésents.

MISE EN ŒUVRE

Les bassins géométriques ne sont pas très profonds. Leurs bords sont verticaux, avec des murs maçonnés. L'étanchéité est assurée par un enduit, une bâche, du polyester renfermant des fibres de verre ou par l'application d'une résine polyester liquide qui, en séchant, forme un film homogène. Une chape en béton est conseillée. Ce travail demande une bonne maîtrise de la maçonnerie qu'il vaut mieux confier à un professionnel.

Matériel : parpaings ou briques, ciment, sable, gravier, bâche, pierres pour la margelle.

AU CENTRE DU JARDIN

Ce bassin carré se trouve au centre d'un jardin structuré sur la même forme, avec une pelouse et des arbres, bordés de massifs de fleurs à leurs pieds. La large bande de pelouse assoit bien le bassin, dont l'aspect géométrique est renforcé par une bordure en pierre taillée surélevée, formant une margelle bien marquée. Le pourtour en briques, posées sur chant selon un motif de chevrons, s'inscrit dans le même esprit. Au centre du bassin, une fontaine imposante assurait l'animation. Aujourd'hui, elle ne fonctionne plus, ce qui a permis d'installer des nénuphars.

L'IMPORTANCE DE LA FORME

La forme ronde est un classique par excellence. Elle s'intègre dans tous les jardins, quels qu'ils soient. Le diamètre dépend de l'espace disponible. Pour être agréable

au regard, le cercle doit être parfait et le pourtour strictement horizontal. Un bassin rond s'installe à la croisée d'allées ou bien au centre du jardin. Les formes hexagonale et octogonale ne sont que des variantes du cercle.

La forme carrée est très stricte, parfois trop pour un jardin aquatique. Elle n'est réellement appropriée que dans un décor très structuré, ou résolument contemporain.

La forme rectangulaire, plus agréable à l'œil, trouve plus facilement sa place. Le rectangle permet aussi de jouer avec les perspectives. Placé en long, dans l'axe principal de vision, il allonge un jardin. Placé en travers, il l'élargit, au contraire. La forme en L saura épouser le contour d'une terrasse, en bordure de maison.

Un dépouillement végétal

Les formes géométriques exigent une grande sobriété dans le choix de la végétation aquatique. Quelques nénuphars au milieu (s'il n'y a pas de jet d'eau), des iris ou des joncs dans les angles, c'est tout. La végétation des bords, plus ou moins luxuriante, donne l'impression que le bassin est totalement intégré dans le jardin. Des haies bien taillées, à proximité, renforcent la dimension classique d'une telle forme.

Un jardin asiatique

L'eau a toujours tenu une place importante dans les jardins asiatiques.
Pour les philosophes chinois, les rivières correspondent en effet aux artères vitales de la terre.

L'eau représente un des éléments importants de la philosophie Feng-shui, chère à cette civilisation. En Chine, les jardiniers ont été parmi les premiers à chercher à reconstituer l'univers dans un espace clos. L'eau vient en opposition aux rochers ; sa surface plane est un véritable miroir reflétant le ciel, qui n'est autre que la moitié de l'univers ! Elle se retrouve également dans l'art des jardins japonais, un pays très influencé par la Chine. Les étangs y ont fait leur apparition pour devenir un élément central du décor.

UNE SOURCE D'INSPIRATION

Aujourd'hui, nombre de jardiniers apprécient l'approche asiatique qui privilégie des bassins plus dépouillés, à la végétation plus rare. Les berges sont faites de rochers, voire de galets. Un pont en bois, laqué de rouge, trône dans une partie du jardin aquatique. Une lanterne en granite vient purifier l'endroit, parfois accompagnée d'une auge taillée dans le même matériau. Détourné de sa fonction d'effaroucheur, un *soshi odoshi* marque le temps qui passe par le claquement sec du bambou quand l'eau se vide. Inventé au Japon, ce type de construction – conçu pour éloigner les animaux par le bruit régulier et sonore produit par un bambou creux retombant sur une pierre – est maintenant très répandu dans le monde. Quant à l'eau de la source, elle symbolise le cours de la vie en se déversant sur des galets.

MISE EN ŒUVRE

La réalisation du bassin est la même que pour un plan d'eau de forme naturelle. La bâche est l'élément qui convient le mieux. C'est le choix des plantes et des matériaux pour la finition des berges qui fait la différence. Sans oublier le pont peint en rouge ! L'installation de ce jardin aquatique est à la portée de tout jardinier.

Matériel : géotextile, bâche, galets, pont, peinture rouge.

Un jardin exotique

La réalisation d'un jardin aquatique exotique fait appel à des plantes aux silhouettes évocatrices des régions tropicales, choisies parmi des espèces rustiques ou semi-rustiques.

L'idée est de créer une ambiance très touffue, avec beaucoup de feuillages qui soient, si possible, persistants. Vous pouvez également explorer la richesse des bambous, dont de nombreuses variétés supportent bien le froid, ou des graminées d'ornement, au feuillage semi-persistant. Autour du bassin, implantez aussi des espèces qui conservent leurs feuilles durant l'hiver. Mais tout cela reste très vert. Quelques fleurs seront les bienvenues pour apporter une touche de couleur : arums d'Amérique, cannas, kniphofias…

Une ambiance tropicale

Ce bassin célèbre la beauté des espèces tropicales, très florifères et dont les formes sont agréables à l'œil. Dans l'eau, des nénuphars exotiques offrent une profusion de pétales colorés tandis que des fougères et des bananiers colonisent les berges. Pour protéger ces végétaux du froid, ce jardin aquatique a été placé dans une serre ! C'est un local approprié car il offre des systèmes de régulation et d'aération qui peuvent être automatisés. Mais une telle installation relève pratiquement du matériel professionnel. L'ambiance y est chaude et lumineuse pour cultiver les plus belles espèces exotiques. L'hygrométrie est nécessairement importante, proche de la saturation quand la température s'élève. L'ensemble est maintenu autour de 20 °C. Ces conditions ne sont ni simples à atteindre, ni faciles à maintenir.

MISE EN ŒUVRE

Pour profiter d'un tel jardin aquatique sous nos climats, une serre s'impose ! Un modèle sur mesure est la seule solution, ce qui impose l'intervention d'un professionnel. Il faut aussi prévoir les systèmes de chauffage, de ventilation et d'hygrométrie. Le bassin en lui-même est similaire à un bassin géométrique dans sa construction. Le projet est complexe et onéreux à mettre en œuvre.

Matériel : serre, bâche, chauffage.

Piscine naturelle

Se laisser glisser dans l'onde, au milieu des plantes, dans une eau aux reflets verts, est un des charmes raffinés que proposent les baignades naturelles. Pas de chlore pour venir piquer les yeux et taquiner les narines. Le plaisir à l'état pur !

Semblable à une oasis surgie comme par magie, la baignade naturelle connaît un engouement croissant en Allemagne et en Suisse. Il est vrai que ses qualités écologiques sont appréciables : elle s'insère harmonieusement dans un jardin et propose une eau propre, non chlorée.
En outre, le bain se prend parmi les plantes et les fleurs, comme si l'endroit était situé en pleine nature. Ici, l'eau arrive par un ruisseau très large et tombe en cascade laminaire dans le bassin. Elle repart ensuite pour être filtrée par un débordement très large qui s'intègre parfaitement au jardin. Voilà un univers qui permet de s'évader sans quitter son jardin...

MISE EN ŒUVRE

Une baignade naturelle n'est rien de moins qu'un grand bassin ! Mais pour optimiser la surface occupée et le bon fonctionnement de la filtration, mieux vaut aménager la zone de baignade à la manière d'une piscine classique. Les zones de lagunage prennent place autour. L'étanchéité est assurée par un liner en caoutchouc synthétique, noir ou vert ; dans les deux cas, l'eau paraîtra verte. Soignez les abords avec une plage en pierre ou une terrasse surplombante en bois. Un ponton avec une échelle facilite aussi l'accès et, surtout, la sortie du bassin.

Matériel : géotextile, liner, pompe, filtre, pouzzolane.

UNE INTÉGRATION COMPLÈTE

Une baignade naturelle se fond totalement dans le décor sans former cette tache bleu lagon d'un effet douteux. La transition s'opère sans rupture avec le reste du jardin grâce aux végétaux aquatiques. L'eau est en mouvement perpétuel. L'installation de cascades ou de débordements crée une circulation naturelle, comme si l'eau coulait d'une source. Surtout, l'absence de chlore évite cette odeur caractéristique d'une piscine qui saisit les narines quand on approche. Quelques poissons rouges évitent que les larves d'insectes, moustiques en particulier, ne viennent coloniser ce plan d'eau. Les voir évoluer près de soi pendant que l'on se baigne ajoute à l'atmosphère apaisante qui émane d'une

telle installation qui rappelle le naturel. Certains toutefois n'apprécient pas du tout cette cohabitation… pourtant normale au bord de la mer, dans un lac ou une rivière !

Un fonctionnement simple

La propreté de l'eau est assurée de manière naturelle. Le principe consiste à faire passer l'eau sur des zones de lagunage où elle va être filtrée : des masses de pouzzolane permettent une filtration mécanique tout en servant de support à des bactéries anaérobies qui vont transformer les déchets en nitrates. Dissous dans l'eau, ceux-ci sont alors absorbés par les plantes aquatiques. La zone de lagunage doit représenter entre un tiers et la moitié de la surface de baignade. Suivant la place disponible, l'adjonction de filtres classiques, semblables à ceux des bassins, améliore l'épuration. Un filtre UV élimine les algues et les germes éventuels. L'entretien se réduit à la surveillance du bon fonctionnement du système de filtration, comme pour un bassin.

Un bassin de récup' !

Creuser un trou n'est pas une obligation pour profiter d'un bassin de jardin !
Une vieille bassine recyclée fait tout aussi bien l'affaire...

Il est toujours possible de profiter d'un jardin aquatique, même si la place est très limitée.
Un contenant remplace le trou dans la terre. Il suffit ensuite d'y installer des plantes aquatiques, voire des poissons rouges. Le choix est vaste : demi-barrique, bassine en zinc, poterie vernissée, auge de pierre, bassins préformés en polypropylène, bassin spécifique en bois... Assurez-vous simplement que le contenant choisi est bien étanche.
Sinon, posez un film plastique à l'intérieur ou appliquez un produit d'étanchéité.
Des jets d'eau sont envisageables, mais gare aux voisins...

Bien choisir les plantes

Un tel bassin appelle des plantes. À côté de nénuphars nains, dont les dimensions modestes sont appropriées à ces situations, installez des plantes à développement vertical pour donner une harmonie à votre décor. Les scirpes (ou joncs zébrés) et les prêles conviennent parfaitement pour cet usage. Vous pouvez également opter pour des cypérus, les fameux « papyrus ». D'autres espèces trouveront leur place à la surface de l'eau, comme les plantes flottantes, jacinthes et laitues d'eau. Dans un volume aussi réduit, inutile de chercher à atteindre un équilibre biologique : le choix des plantes se fait plutôt sur des critères esthétiques. Il faudra changer l'eau régulièrement pour éviter qu'elle ne croupisse, surtout si vous laissez les pétales des fleurs installées à proximité nager à la surface !

MISE EN ŒUVRE

Nettoyez soigneusement le contenant pour éliminer tout résidu. Placez-le ensuite sur un sol stable avant de le remplir. Installez les plantes dans des paniers de plantation et posez-les sur le fond ou sur des briques. Sous l'effet du soleil et du vent, l'eau s'évapore très vite. Refaites le niveau tous les jours en été.

Matériel : contenant, paniers de plantation pour plantes aquatiques.

BASSINS

La musique de l'eau

Par l'animation et le son qu'elle crée, cette fontaine est une attraction supplémentaire pour ce coin du jardin. Elle apporte aussi un peu de fraîcheur.

Ce jet d'eau semble jaillir des pierres, comme issu d'une source. Or, il s'agit juste d'une fontaine qui fait circuler l'eau grâce à une pompe. L'effet obtenu est très réussi. Cette réalisation anime et valorise ce coin de jardin un peu aride. Le son de l'eau qui retombe sur les rochers est très rafraîchissant durant les chaudes journées d'été. Et la vue de cette colonne d'eau qui bouge fascine et invite à la méditation : il suffit de se laisser prendre au jeu des reflets pour suivre le cours de sa rêverie ! C'est agréable et très reposant.

EN CIRCUIT FERMÉ

L'eau est contenue dans une cuve enterrée jusqu'au niveau du sol. Elle est mise en circulation par une pompe avant de retomber dans la cuve. La consommation d'eau, faible, ne réclame qu'une remise à niveau espacée, sauf en cas de vent important. En outre, il n'est pas nécessaire que l'eau soit parfaitement équilibrée, comme dans un bassin. L'entretien est donc réduit au strict minimum. Le décor évolue à volonté, il suffit de déplacer les galets. Seule précaution : réglez la hauteur du jet pour que toute l'eau retombe sur la surface du couvercle, même en cas de vent. Vous éviterez ainsi que votre pompe ne tourne à sec, faute d'eau dans la cuve au bout de quelques jours…

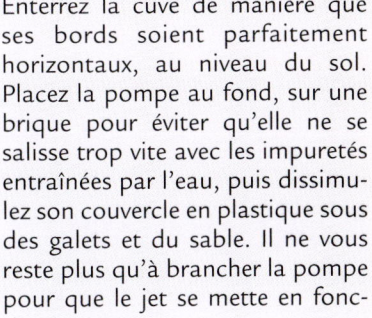

MISE EN ŒUVRE

Enterrez la cuve de manière que ses bords soient parfaitement horizontaux, au niveau du sol. Placez la pompe au fond, sur une brique pour éviter qu'elle ne se salisse trop vite avec les impuretés entraînées par l'eau, puis dissimulez son couvercle en plastique sous des galets et du sable. Il ne vous reste plus qu'à brancher la pompe pour que le jet se mette en fonctionnement.

Matériel : cuve, couvercle, pompe, galets, sable.

Un monde de sérénité

Surplombant un bassin, cette terrasse est un havre de paix et de silence.
Il fait bon s'y arrêter pour découvrir la richesse de la vie aquatique.

Difficile de savoir où s'arrête le jardin et où commence le bassin tant l'un et l'autre sont imbriqués. La végétation a fini par fusionner les deux espaces en un seul décor. L'ambiance qui s'en dégage est calme et sereine. L'aménagement d'une terrasse en bois offre un endroit idéal pour se détendre et profiter d'un tel ensemble. Les plantes aquatiques viennent même se faufiler entre les lames de bois. Quelques rochers, disséminés ici et là, apportent une note minérale. Les grenouilles trouvent dans les feuilles de nénuphars autant de plages pour profiter du soleil. La glycine, conduite en arbre, introduit quant à elle une touche de couleur originale.

Une ambiance naturelle

La forme de ce bassin s'adapte à son environnement. Les rives sont tout en courbes, donnant l'impression que cette pièce d'eau a toujours existé à cet endroit. L'étanchéité est assurée par une bâche. Des zones de plantations ont été prévues dès le début. Les rives ont été largement plantées pour créer une zone un peu fermée qu'il est agréable de découvrir depuis la terrasse en bois. Une allée permet d'y accéder, en surplombant une partie de la berge. La forme de la terrasse n'est pas régulière pour mieux épouser les contours du bassin. La vision depuis l'eau est très différente de celle qui s'offre depuis une berge. Le bassin et le jardin prennent une autre dimension.

Le murmure d'une cascade

L'eau en mouvement a un pouvoir relaxant extraordinaire ! Une rivière ou une cascade serait la bienvenue dans ce jardin aquatique afin d'apporter une dimension sonore supplémentaire. Cet équipement a aussi un avantage technique très appréciable : oxygéner l'eau du bassin. C'est important en été, quand la chaleur fait monter la température de l'eau. La quantité d'oxygène diminue alors. Cela peut entraîner des conséquences fâcheuses pour les poissons. Sans oublier le développement d'algues et le risque que l'eau, croupissante, ne dégage une odeur nauséabonde.

MISE EN ŒUVRE

La taille de ce bassin est telle qu'elle demande un gros travail de terrassement. La pose de la bâche, qui doit être d'un seul tenant, suppose la présence de plusieurs personnes pour la manipuler. La réalisation de la terrasse et de l'allée exige aussi quelques précautions. Enfin, un entretien régulier s'impose pour que la végétation reste bien équilibrée et que le jardin soit toujours agréable à contempler.

Matériel : géotextile, bâche, bois.

Les bassins peuvent prendre toutes les formes imaginables, pour peu qu'il soit ensuite possible d'en assurer facilement l'étanchéité. Les matériaux sont aussi très variables. Certains sont faciles à mettre en œuvre, d'autres demandent savoir-faire, expérience et tour de main.

1. Les quatre pierres taillées qui forment les bordures de ce très petit bassin rectangulaire sont enterrées dans le gazon pour mieux intégrer l'ensemble dans le paysage. Et c'est plutôt réussi.

2. Les parois de ce bassin circulaire, en maçonnerie, ont été recouvertes de fragments de carrelage de récupération. Végétation luxuriante et fantaisie colorée forment une harmonie inattendue.

3. Installé dans la pente, ce bassin est retenu par un mur en pierre de pays qui se fond dans son environnement. Il accueille des lotus qui y disposent d'un volume d'eau suffisant pour se développer et résister aux frimas de l'hiver.

4. **La paroi de ce bassin** est constituée d'une tôle d'acier verticale fichée en terre. Des renforts, soudés à l'intérieur, en assurent la rigidité. Une bâche fixée à l'intérieur de la coque métallique la rend étanche.

5. **Ce rocher qui entoure le bassin** est en fait une construction en béton qui a été peinte ! Pourtant, il donne l'impression de se trouver en pleine montagne… L'étanchéité du bassin est assurée par une bâche en caoutchouc synthétique.

BASSINS

Un ruisseau, une rivière ou une cascade constituent le complément idéal d'un jardin aquatique. Ils peuvent même représenter la seule option possible lorsqu'on désire introduire l'eau dans un petit jardin. Leurs mouvements apportent de la vie et créent une véritable mise en scène visuelle et sonore.

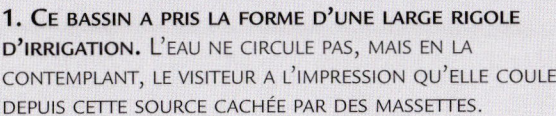

1. Ce bassin a pris la forme d'une large rigole d'irrigation. L'eau ne circule pas, mais en la contemplant, le visiteur a l'impression qu'elle coule depuis cette source cachée par des massettes.

2. Une succession de petits bassins à bordure en bois composent une étonnante cascade. L'eau passe de l'un à l'autre par des larmiers en acier qui produisent des écoulements plats du plus bel effet.

3. L'eau sort à gros bouillons de cette jarre en terre cuite posée au bord du bassin. Elle est conduite au fond par un tuyau qui la puise dans le bassin.

4. La mousse a totalement colonisé cette cascade qui suit un cheminement très naturel.

5. Cette rivière qui serpente dans le gazon est un bassin ! L'eau est puisée dans une cuve en bas pour être remontée au sommet. Cet aménagement crée un décor charmant, évoquant une scène de montagne.

Depuis des siècles, les mouvements d'eau font partie intégrante des bassins et des jardins aquatiques. Toutes les pompes immergées sont aujourd'hui équipées d'une sortie pour alimenter un jet. Du simple filet d'eau aux grandes eaux, en passant par le jet moussant et le jet cloche, voire le jet plat et le jet à plusieurs étages, vous trouverez votre bonheur dans les offres des fabricants.

1. Peu élevé, le jet bouillonnant offre un aspect naturel qui n'est pas sans évoquer une source.
Il participe activement à l'oxygénation de l'eau.

2. Très graphique et plaisant à regarder, le jet en cloche s'épanouit au sommet d'un tuyau vertical pour former, en retombant, une demi-sphère bien dessinée, lisse et brillante.

3. Cette fontaine murale classique rappelle les ouvrages en pierre qui trônent sur la place des villages du Sud.
Sa musique est très agréable lors des chaudes journées d'été...

4. L'eau jaillit du rocher, comme une source naturelle ! Le son produit est assez sourd. Il l'est d'autant plus que le bassin est profond à l'endroit de la chute.

5. La pierre à effet bouillonnant trouve naturellement sa place dans un jardin. La meule peut être remplacée par un grand nombre d'autres décorations : galets, graviers, sculpture, jarre, tonneau, rocher percé...

SAVOIR-FAIRE

Les 10 points à respecter pour réussir un bassin

Installer un bassin dans son jardin est à la portée de tout jardinier, mais avant de vous lancer, réfléchissez bien à ce que vous voulez obtenir afin d'éviter toute erreur de conception et de réalisation. Voici dix points à passer en revue avant de donner le premier coup de bêche. Le résultat n'en sera que plus conforme à vos goûts et vous éviterez bien des déboires dus, trop souvent, à la précipitation !

1 – L'eau

L'eau doit être au centre de vos préoccupations. C'est elle qui permet la vie des plantes et des poissons. Trop riche en nitrates, elle sera envahie par des algues. Trop dure, elle perturbera la croissance des plantes. Le maintien de son bon équilibre est le garant de tout l'écosystème que constitue votre jardin aquatique. Surveillez-la régulièrement pour intervenir au bon moment.

2 – La profondeur

Plus un bassin est profond, plus le volume d'eau est important et plus il est facile de maintenir l'équilibre de ce milieu de vie. Lors de la construction du bassin, prévoyez plusieurs paliers de profondeur. Si vous voulez y élever des poissons, sachez qu'ils ont besoin d'une zone atteignant au moins 60 cm de hauteur d'eau afin d'hiverner sans subir les morsures du gel. Ne dépassez cependant jamais 1,20 m de profondeur.

BASSIN AVEC UNE COQUE PRÉFORMÉE

1 Trou supérieur à la taille du bassin **2** Bassin préformé
3 Trou comblé avec un mélange de sable et d'eau
4 Lit de sable pour la protection et la stabilité
5 Remplir d'1/3 d'eau pour stabilité à la pose
6 Zone de plantation **7** Terrain naturel

3 – Les parois

Prévoyez des parois qui descendent par paliers de 25 cm de profondeur. Ainsi vous pourrez installer des plantes pour aménager votre jardin aquatique. Surtout, vous éviterez que des enfants ne soient surpris s'ils tombaient dans l'eau. Prévoyez une petite plage en pente douce pour ouvrir la vue sur l'ensemble de votre bassin. Les animaux sauvages apprécieront de pouvoir s'échapper en cas de chute accidentelle.

DESSINER LES PAROIS

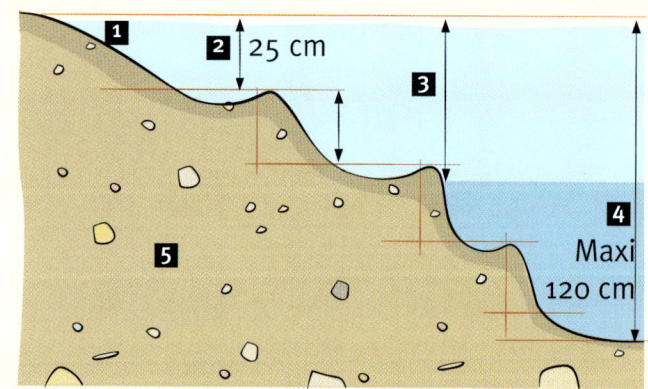

1 Pente douce **2** Paliers de 25 cm de profondeur
3 Profondeur minimum pour l'hivernage des poissons
4 Profondeur maximum d'un bassin **5** Terrain naturel

4 – Les matériaux

La bâche en PVC est le matériau le plus courant et le moins onéreux. Pour être tranquille de longues années, optez pour une épaisseur de 1 mm au moins. Le caoutchouc synthétique ou EPDM est un peu plus cher, mais aussi beaucoup plus résistant : vous pourrez le conserver 50 ans, contre une dizaine d'années pour le PVC. Le bassin préformé se fait plus rare face au développement du caoutchouc synthétique sur le marché. Quant aux résines synthétiques (polyester), très résistantes et faciles à réparer, elles sont plus longues et plus coûteuses à mettre en place.

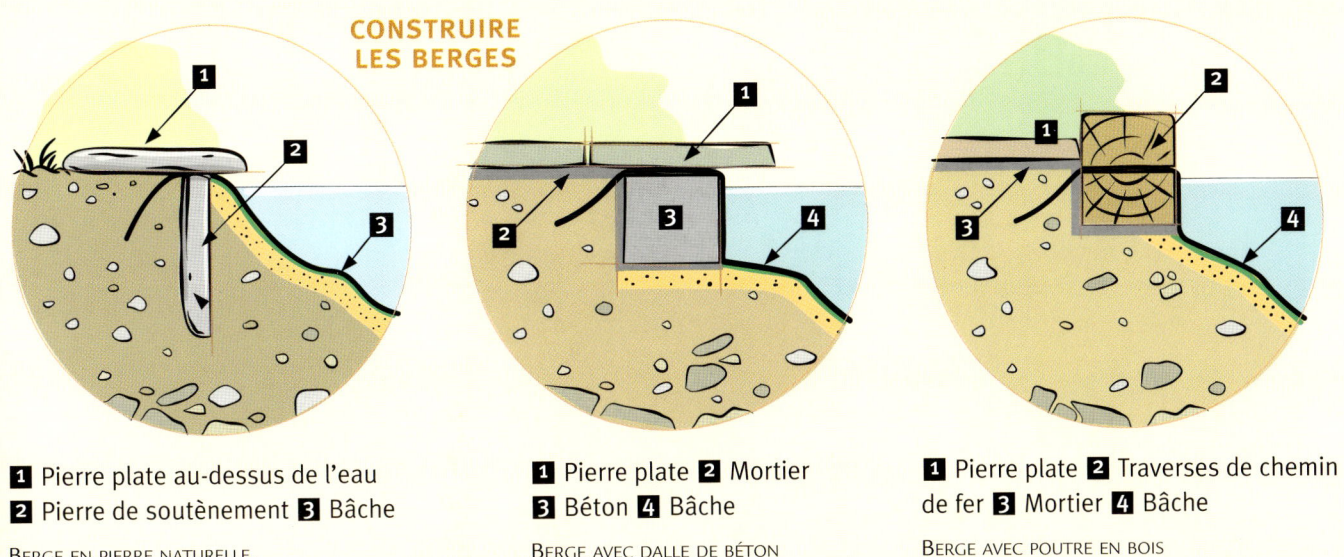

CONSTRUIRE LES BERGES

1 Pierre plate au-dessus de l'eau
2 Pierre de soutènement **3** Bâche
BERGE EN PIERRE NATURELLE.

1 Pierre plate **2** Mortier
3 Béton **4** Bâche
BERGE AVEC DALLE DE BÉTON

1 Pierre plate **2** Traverses de chemin de fer **3** Mortier **4** Bâche
BERGE AVEC POUTRE EN BOIS

5 – La berge
La construction de la berge est très importante car il faut éviter les fuites d'eau par capillarité. La bâche sera enfouie dans une tranchée remplie ensuite de cailloux ou de terre. Pour la finition, utilisez des galets, des rochers, du sable fin, de la pierre de lave, des pierres plates, des rondins, des traverses de chemin de fer… Laissez aller votre imagination tout en préservant une transition douce et naturelle avec le reste du jardin.

6 – Les plantes
Les plantes sont nécessaires au bon équilibre d'un bassin. Les espèces oxygénantes, immergées, enrichissent l'eau en oxygène nécessaire à la vie des poissons. Les plantes flottantes participent activement à l'épuration de l'eau en absorbant les nitrates et en donnant de l'ombre, évitant que l'eau ne s'échauffe trop. Les plantes de berges assurent la transition entre le bassin et le jardin ; elles donnent du cachet au décor tout en absorbant les nitrates en suspension dans l'eau, participant ainsi à la purification du bassin.

7 – Les poissons
Difficile de concevoir un bassin sans poissons ! Simples poissons rouges ou belles carpes Koï, ils apportent du mouvement et procurent un sentiment d'apesanteur. En les regardant évoluer, vous vous sentez rapidement plus calme et plus détendu. Les poissons tiennent aussi une place importante dans l'équilibre biologique en éliminant les larves d'insectes, moustiques notamment…

8 – L'éclairage
Des boules lumineuses flottantes ou des projecteurs étanches, au bord ou dans l'eau, donneront une nouvelle dimension à votre bassin, une fois la nuit venue. Un projecteur installé au pied de votre jet d'eau le mettra merveilleusement en valeur. Les modèles à très basse tension (12 V) offrent plus de liberté d'action. Le transformateur, étanche, se place dans l'eau ou sur le bord, caché derrière une pierre ou un galet.

9 – La filtration
Le filtre est indispensable pour maintenir l'équilibre de l'eau. Il associe une filtration mécanique pour éliminer les plus gros déchets et une filtration biologique avec des bactéries fixées sur des supports poreux. Les déchets sont transformés en nitrates absorbés ensuite par les plantes. L'eau doit circuler en permanence dans le filtre pour maintenir en vie la colonie de bactéries. Le filtre à ultraviolets participe activement à la lutte contre le développement des algues vertes qui peuvent polluer l'eau d'un bassin. C'est aussi un excellent bactéricide. Il se monte juste avant le filtre classique. Au-delà d'un volume de 20 m^3, le filtre n'est plus guère utile, l'eau s'équilibrant d'elle-même.

10 – La pompe
La pompe sert à alimenter le filtre et une cascade ou un jet d'eau qui oxygéneront l'eau. Son choix dépend du volume du bassin : l'eau doit transiter par le filtre toutes les quatre heures ! Si votre bassin est grand, utilisez deux pompes : l'une pour le filtre, qui fonctionnera en permanence, l'autre pour la cascade ou le jet d'eau. Vous pourrez arrêter la seconde pendant la nuit pour ne pas être dérangé par le bruit !

La bonne surface
On a souvent tendance à sous-estimer la surface nécessaire pour qu'un bassin s'intègre facilement dans son environnement : elle doit être proportionnelle à celle du jardin, mais pas trop petite. Le résultat sera ainsi plus esthétique et l'équilibre de l'eau mieux assuré.

SAVOIR-FAIRE

Installer un bassin

Se lancer dans l'installation d'un jardin aquatique est un défi personnel qui apporte beaucoup de satisfaction. Mais c'est aussi un engagement à long terme ! Sa construction entraîne en effet des travaux importants pour un jardin, parfois définitifs.

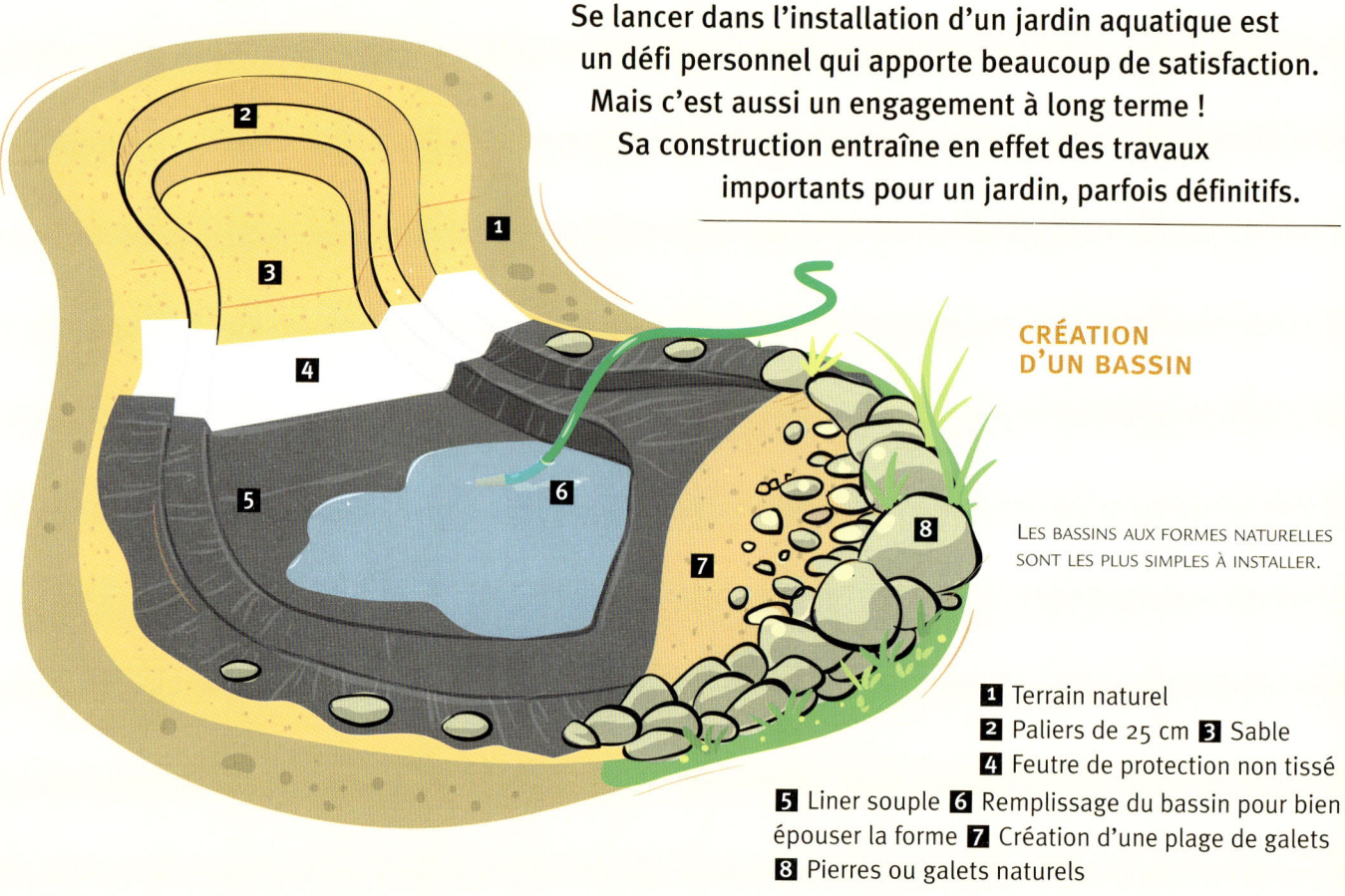

CRÉATION D'UN BASSIN

LES BASSINS AUX FORMES NATURELLES SONT LES PLUS SIMPLES À INSTALLER.

1 Terrain naturel
2 Paliers de 25 cm 3 Sable
4 Feutre de protection non tissé
5 Liner souple 6 Remplissage du bassin pour bien épouser la forme 7 Création d'une plage de galets
8 Pierres ou galets naturels

Mûrir son projet

Donnez-vous du temps pour réfléchir et mûrir votre projet. N'hésitez pas à aller contempler des bassins dans les parcs publics ou des jardins privés. Notez ce qui vous séduit et ce qui vous déplaît. Demandez au propriétaire des lieux de vous décrire la vie de son jardin aquatique. N'oubliez pas d'évoquer avec lui son calendrier d'entretien, vous pourrez ainsi mieux estimer les contraintes liées aux plaisirs que votre bassin vous procurera. Élaborez ensuite votre approche personnelle avant de sauter le pas : fort de l'expérience des autres et du résultat attendu, vous pourrez rencontrer un paysagiste ou un spécialiste qui vous aidera à donner forme à votre idée. Commencera alors votre propre aventure, la plus passionnante...

Bien définir ses attentes

La première étape est, sans nul doute, de savoir ce que vous attendez d'un bassin. Voulez-vous un écrin pour des carpes japonaises, un jardin aquatique où les plantes vivent en harmonie, une mare qui serve à la baignade des enfants, un étang à la végétation naturelle, refuge d'une faune sauvage ? Tout est possible ou presque, mais mieux

L'eau, le secret du bassin

L'eau est la pierre angulaire de tout l'écosystème que forme un jardin aquatique. Milieu de vie des animaux et petits organismes qui s'y sont installés, elle doit rester parfaitement équilibrée. La moindre variation dans cet environnement peut entraîner une catastrophe à l'échelle du bassin.
Les plantes consomment du gaz carbonique, rejettent de l'oxygène qui est dissous dans l'eau (plantes oxygénantes) et régulent la température de l'eau.
Elles utilisent également les sels minéraux présents ainsi que les nitrates, principale source d'énergie pour leur développement.
Les poissons respirent l'oxygène dissous et rejettent du gaz carbonique. Ils consomment également des algues et des micro-organismes pour se nourrir. Mais leurs excréments sont source de pollution ! Heureusement, ceux-ci sont transformés par les bactéries en nitrates directement assimilables par les plantes. Ces micro-organismes trouvent dans l'eau l'oxygène et les éléments minéraux qui leur sont nécessaires. Sans eux, il y aurait formation d'ammoniaque, préjudiciable à la vie des poissons. Quant

Un bassin géométrique structure l'ensemble du jardin.

vaut définir avec précision les contours de votre projet avant d'entamer toute démarche.

Que vous possédiez un petit jardin en ville, un terrain assez grand à la campagne, une simple terrasse au-dessus des toits, voire un balcon, que vous habitiez dans une zone de plaine ou à la montagne, il y a toujours une solution, même si, parfois, les choix sont réduits.

aux plantes, elles ne disposeraient pas des éléments nutritifs dont elles ont besoin pour leur croissance.
Dans la nature, ce cycle se reproduit et s'équilibre de lui-même. Dans un bassin, milieu plus confiné, la nature a besoin d'être aidée. En éliminant les plus gros déchets, le filtre améliore le travail des bactéries. La pompe, qui fait circuler l'eau, apporte suffisamment d'oxygène pour les alimenter. Les poissons, plus nombreux que dans un environnement naturel, doivent être nourris pour éviter que la flore aquatique ne soit totalement détruite ; ils restent indispensables au maintien de l'équilibre général. Surveillez donc très régulièrement la qualité de l'eau avec des tests spécifiques. Dans un bassin récemment aménagé, n'hésitez pas à faire un apport éventuel de bactéries sélectionnées qui accéléreront la mise en équilibre. L'installation des plantes aquatiques, notamment des plantes oxygénantes, impose un délai de 3 à 5 semaines avant que l'eau soit apte à recevoir des poissons. L'équilibre entre plantes et poissons est fonction de la surface et du volume du bassin. Il doit être constamment suivi afin que des corrections puissent être apportées chaque fois que nécessaire.

Un style en harmonie avec le jardin

Une seule certitude s'impose : une fois le style choisi, il faut aller jusqu'au bout. L'ensemble sera alors plus homogène et plus authentique. Les formes géométriques sont à réserver, a priori, aux jardins déjà bien structurés. Une forme naturelle trouvera plus facilement sa place dans un espace où les végétaux sont très présents.

Mais rien ne vous empêche de transgresser ces règles pour bâtir un projet plus individualisé. Soyez vous-même pour le définir : laissez parler vos envies, même s'il faut ensuite les revoir et les modifier pour que votre plan d'eau trouve son équilibre et vous donne entière satisfaction. Votre bassin doit être le reflet de votre personnalité.

Bien choisir l'emplacement

Réfléchissez aussi à l'emplacement du bassin dans votre terrain : creusé en contrebas de votre jardin, il offrira une meilleure vue ; vous pourrez alors profiter de la déclivité pour créer des mouvements d'eau naturels, cascade ou rivière. Attention, cependant, de ne pas l'installer dans le point le plus bas, vos poissons n'apprécieraient pas qu'il se transforme en bassin de collecte des eaux de ruissellement. Si vous désirez en faire le centre d'intérêt principal des lieux, implantez-le près de la maison. S'il est destiné à devenir un lieu de promenade et de contemplation, sa place est plutôt au fond du jardin, un peu isolé. Si vous avez des enfants, mieux vaut qu'il soit parfaitement visible depuis la maison. N'oubliez pas, surtout, d'apprendre aux plus jeunes les risques qu'ils encourent. Ainsi, chacun en profitera encore mieux.

SAVOIR-FAIRE

La réalisation du bassin

Installer un bassin dans son jardin, c'est d'abord creuser un trou ! Ensuite, il faut travailler avec précaution pour que les berges soient au même niveau. Soignez les finitions.

Le terrassement

Une fois le terrain bien dégagé, la première chose à faire est de tracer le contour du bassin sur le sol à l'aide de plâtre, de sable ou de peinture en bombe aérosol. Le gazon, quand il existe, peut être enlevé par plaques pour être réimplanté ailleurs dans le jardin.

Commence alors le travail de terrassement. Mettez de côté la couche de terre arable, qui vous servira à assurer la finition du bassin. Creusez ensuite par paliers de 20 à 25 cm de hauteur pour suivre les terrasses prévues dans l'organisation du bassin. Le trou terminé, éliminez toutes les pierres en donnant un coup de croc et en les ramassant avec un râteau. Coupez les racines avec un sécateur à deux mains, sous la surface du sol. Tassez les bords et mettez-les de niveau à l'aide d'une grande règle ou d'un niveau de maçon ; cette opération est primordiale pour l'esthétique finale du bassin.

La pose de la bâche

Étalez une couche de sablon de 3 à 5 cm d'épaisseur sur toute la surface du trou. Avant de poser la bâche elle-même, étendez sur le sable un feutre ou un non-tissé qui assurera une protection supplémentaire. Le plus simple est d'utiliser une bâche sur mesure, fabriquée en usine selon vos indications. Posez-la au centre du bassin, puis dépliez-la en suivant les instructions du fabricant. Mieux vaut être plusieurs pour cette opération, car ce revêtement est lourd et volumineux. Commencez ensuite à remplir le bassin pour permettre à la bâche de bien adhérer aux différents reliefs. Tirez doucement pour éliminer les plis.

Les bords de ce bassin surélevé sont masquées avec une vigne vierge.

MISE EN PLACE DE LA BÂCHE

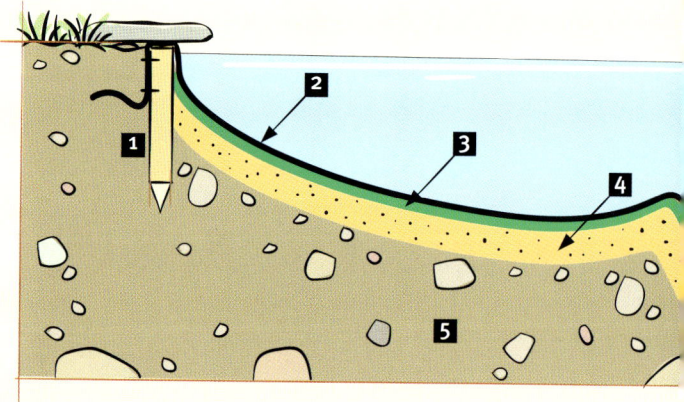

1 Piquet de fixation **2** Bâche **3** Feutre **4** Sablon **5** Terrain naturel

Installer une terrasse en bois

Dominer l'eau procure une sensation très agréable. Le plus simple est de construire une terrasse en bord de bassin, voire de lui faire surplomber l'eau. La structure qui la supporte peut être ancrée dans la berge ou prendre appui sur des piliers. Dans le second cas, les poteaux sont fixés sur des plots de béton qui reposent au fond. Pour protéger la bâche, et donc l'étanchéité du bassin, les blocs sont posés sur une quadruple couche de feutre et de bâche. La construction du ponton, comme d'ailleurs l'aménagement d'un pont, reprend les mêmes techniques que celles d'une terrasse en bois.

La finition des berges

Cette étape est importante car les berges vont stabiliser la bâche. De leur bonne réalisation dépendra l'absence de phénomènes de capillarité qui risqueraient de vider le bassin. Plusieurs techniques sont possibles, mais le principe est d'enterrer la bâche sur tout le pourtour dans une gouttière de 10 cm de profondeur. Le long d'un mur, vous la fixerez à l'aide d'une fine latte de bois vissée dans le support solide. Pour l'aménagement final des berges, le choix des matériaux est vaste : galets, rochers, rondins, traverses de chemin de fer, pierres plates, plantes, margelles en pierre reconstituée, terrasse en bois… N'oubliez pas d'aménager une plage en pente douce pour faciliter l'accès des animaux sauvages.

La bonne forme
Les formes arrondies accentuent l'aspect naturel et romantique d'un jardin. Les formes droites et géométriques sont à la fois classiques – elles sont d'ailleurs très présentes dans les jardins à la française – et modernes, en harmonie avec des maisons aux lignes tendues et anguleuses. Mais rien ne vous empêche de marier les deux, en jouant sur les contrastes et les oppositions.

L'installation d'un bassin préformé

Posez le bassin à son emplacement afin de reporter son contour sur le sol. Creusez ensuite le trou comme précédemment, en le prévoyant un peu plus grand que le bassin afin de pouvoir caler ce dernier avec du sable ; sinon, sous le poids de l'eau, il risquerait de casser. Posez le bassin sur un lit de sable, en le plaçant bien horizontalement à l'aide d'un niveau, puis remplissez-le au tiers avec de l'eau pour qu'il reste en place. Comblez alors le trou avec du sable et de l'eau afin d'éliminer tous les vides. Le bassin doit dépasser le sol de 3 à 5 cm.

IMPLANTATION D'UN BASSIN PRÉFORMÉ

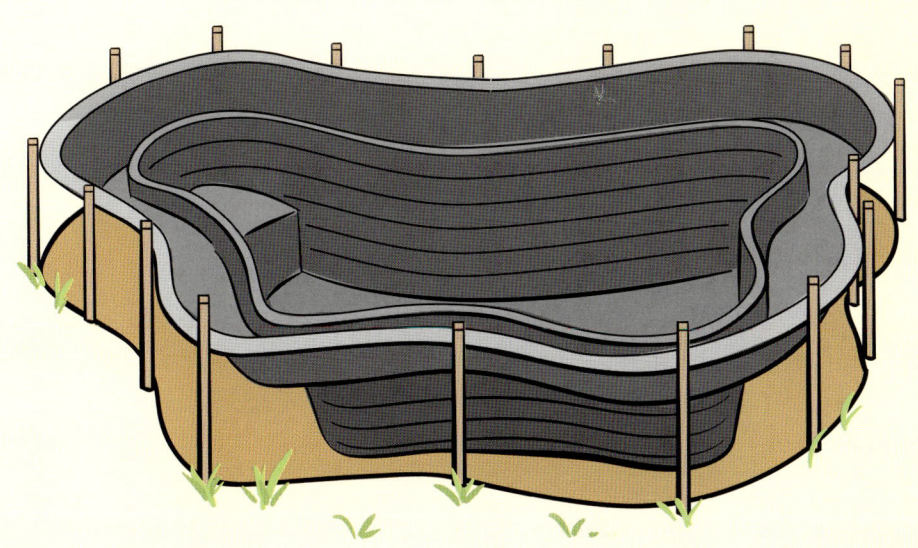

Marquer les bords extérieurs de la forme du bassin à l'aide de piquets de bois.

Construire une cascade ou un ruisseau

La construction d'un ruisseau s'effectue selon la même technique que pour un bassin en bâche. D'ailleurs, il est tout à fait possible d'utiliser des chutes de revêtement. Placez ensuite des rochers et des galets pour réaliser le décor, sans oublier les plantes, et camouflez la bâche avec du gravier. Il existe aussi des rivières en éléments qu'il suffit d'assembler. Les cascades se traitent comme des ruisseaux presque verticaux.

PRINCIPE DE RÉALISATION D'UN RUISSEAU

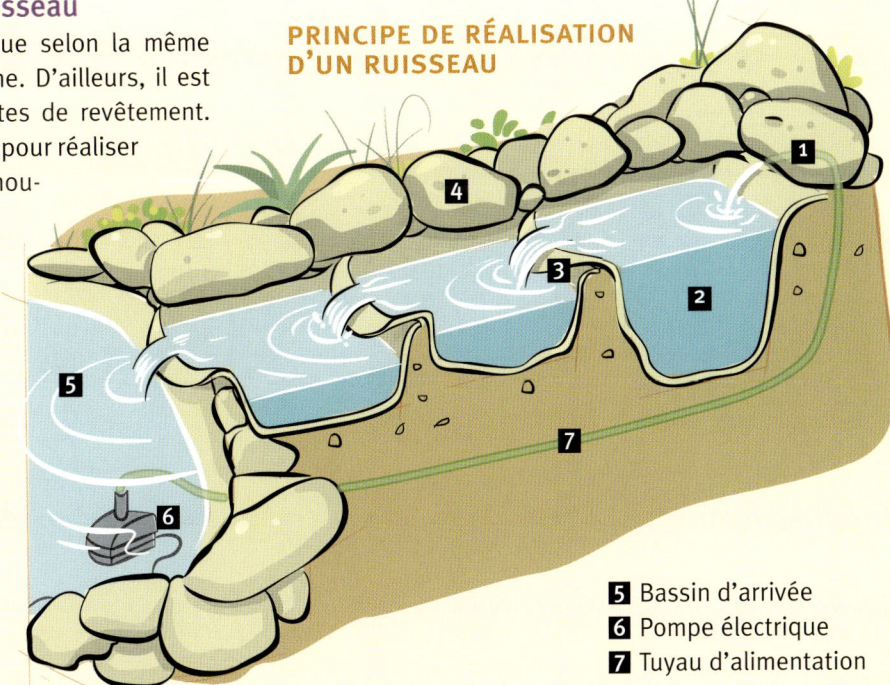

1 Arrivée d'eau masquée
2 Bassin de départ préformé
3 Dénivellation entre les bassins
4 Rocher ou pierre naturelle pour masquer le bord du bassin
5 Bassin d'arrivée
6 Pompe électrique
7 Tuyau d'alimentation

ABRIS DE JARDIN

ABRIS DE JARDIN

Domaine secret du jardinier, l'abri de jardin est d'abord un aménagement très pratique pour ranger outils, produits, accessoires et équipements nécessaires à l'entretien et à la vie du jardin. Là, bien au sec, ils sont toujours disponibles pourvu que leur propriétaire soit un tant soit peu organisé. C'est aussi l'endroit où l'on met ses plantes à sécher et où l'on entrepose ses graines. Quand il est assez grand pour accueillir une table à rempoter ou un établi, cet espace est enfin le lieu où se préparent futures plantations et prochains aménagements du jardin. Bien des projets et des promesses sont en gestation dans ce bienheureux refuge à l'accès souvent réservé ! ■

Double page précédente : installée sur un caillebotis de bois, cette grosse armoire de jardin abrite les outils les plus courants ainsi que quelques pots de fleurs. Elle joue aussi un rôle esthétique en attirant le regard.

Ci-contre : de belle taille, cet abri de jardin est plus proche d'un pavillon où il fait bon vivre ! Il offre suffisamment de place pour entreposer le matériel et les fournitures nécessaires au jardin, et de l'espace pour bricoler ou se reposer.

Un coin secret

Recouvert de grimpantes et enfoui sous la glycine, cet abri de jardin sait devenir invisible. Comme l'antre mystérieux de quelque magicien ami des plantes…

Bien qu'assez vaste, cette construction apparaît beaucoup plus modeste que ses dimensions réelles pourraient le laisser supposer. Les plantes grimpantes viennent adoucir la structure anguleuse de l'abri. La glycine qui se déploie royalement au-dessus du toit participe aussi à ce travail de « camouflage ». Le développement de mousse sur la toiture ajoute à la discrétion en masquant la couleur noire du feutre bitumineux utilisé pour réaliser l'étanchéité. Des pots de terre fixés sur les murs focalisent le regard, comme autant de taches de couleur chaude qui s'harmonisent avec la végétation environnante.

La chaleur du bois

Cet abri en bois est traité contre l'humidité par des applications régulières de lasure. Le toit est en feutre bitumineux sur lequel le propriétaire des lieux a laissé s'étendre la mousse. Si le résultat est très esthétique, il peut nuire à la bonne étanchéité de l'ouvrage, l'humidité risquant de s'infiltrer entre les plaques de feutre à la faveur de cette couverture végétale. De longs piquets de bois ont été installés sur le toit pour le protéger des puissantes tiges de la glycine. Cette vaste construction sert à la fois d'abri de jardin pour le matériel, de pièce de détente et d'atelier. Un joli carillon tintinnabule à l'entrée, apportant l'indispensable touche sonore.

Soigner l'entretien

Le bois est le matériau idéal pour construire un abri de jardin car il s'harmonise bien avec son environnement. De plus, il est simple et facile à travailler. Mais cette souplesse a un revers : la sensibilité de ce matériau à l'humidité ! Même un bois traité à cœur, en autoclave, finit par pourrir s'il n'est pas entretenu régulièrement. Appliquez une lasure ou une peinture au moins tous les deux ans. Vérifiez aussi très régulièrement la bonne étanchéité du toit pour colmater immédiatement toute infiltration d'eau.

MISE EN ŒUVRE ❁ ❁ ❁

Construit sur mesure, cet abri demande une bonne maîtrise du travail du bois. Il faut en effet préparer les différents éléments de la structure, de la charpente et des murs avant de procéder à l'assemblage. Plusieurs personnes sont nécessaires pour cette dernière opération. Ceux qui ne peuvent consacrer à une telle construction plusieurs jours d'affilée ou quelques week-ends devront faire appel à un professionnel compétent.

Matériel : bois, feutre bitumineux, vitres pour les fenêtres.

Tout à portée de main

Dissimulé derrière un claustra recouvert d'un rosier grimpant, ce petit local est très fonctionnel, avec sa large terrasse qui s'étend à l'entrée.

Installé au fond du jardin, cet abri est le cœur opérationnel du jardin. Masqué partiellement pour se faire plus discret par un claustra en bois, fabriqué avec des matériaux issus du jardin, il sert à la fois de remise et d'atelier. Les gros pots sont entreposés à l'extérieur, pour libérer de la place, mais aussi pour adoucir la vue sur cette construction. Les arrosoirs, classiques à droite et lyonnais à gauche, participent activement au décor. Une grande graminée (herbe de la pampa) vient rompre la monotonie de la façade. La petite barrière, toute symbolique, matérialise l'espace réservé aux travaux du jardinier.

Une construction solide

On a monté cet abri sur une chape de béton afin de disposer d'un sol dur, plus agréable et plus facile à nettoyer. L'ossature est ancrée par vissage pour résister au vent. Une fenêtre apporte de la lumière naturelle à l'intérieur. L'installation de l'électricité assure un éclairage à l'extérieur, bien pratique pour les courtes journées d'hiver. Des gouttières récupèrent l'eau de pluie qui est ensuite stockée dans une cuve en plastique surélevée, posée sur le côté. Une large terrasse en bois offre un bel espace pour évoluer sans se salir. Elle est réalisée avec des madriers en chêne posés en long et séparés par du gravier. Brouette et tondeuse à gazon y trouvent place pour être réparées et nettoyées avec un grand confort. Un fauteuil permet de faire une pause tout en profitant du jardin.

Faciliter le rangement

Bien ranger outils et matériel est une évidence qu'il est bon de rappeler. En fin d'intervention, on s'accorde rarement assez de temps pour tout remettre à la bonne place. C'est pourtant autant de préparation et d'énergie gagnées pour la session suivante ! On évite ainsi les nombreuses et exaspérantes manipulations pour récupérer outils et accessoires nécessaires aux travaux. Des râteliers pour les outils à manches, des étagères pour les produits, des tiroirs pour les petits outils à main, des crochets pour le tuyau d'arrosage et les accessoires… autant d'équipements qui facilitent la vie du jardinier.

MISE EN ŒUVRE

Avant de monter cet abri acheté en kit dans le commerce, il faut couler la chape de béton, d'une dizaine de centimètres d'épaisseur. Un treillis métallique la consolide et évite qu'elle ne travaille trop. Le montage des panneaux est simple, surtout s'il se fait à deux ou trois personnes. Des tire-fonds maintiennent le tout solidement en place. Une fois le toit posé, l'installation de gouttières assure la récupération de l'eau de pluie. Devant, les madriers sont posés sur un lit de gravier pour former une terrasse qui isole des flaques d'eau. La réalisation est abordable, mais demande un peu de temps.

Matériel : abri de jardin en kit, ciment, sable, gravier, madriers en chêne, gouttières.

Un côté sauvage

Cet abri en forme de case africaine se fond littéralement dans la nature, sous les branches feuillues de l'osier utilisé en guise de piliers...

De loin, difficile d'imaginer que sous cette frondaison se cache un abri de jardin ! Cette construction rustique a un rôle plus décoratif que fonctionnel car ses murs en plessis sont ajourés. Des brandes de bruyère recouvrent un toit classique pour lui donner un aspect plus naturel. L'osier vivant qui sert d'ossature à la construction produit des branches qui habillent la toiture. Une zone en sable tassé, sur le devant, apporte une touche africaine supplémentaire.

L'ART DU PLESSIS

La construction des murs fait appel à la technique du plessis. Des piquets de châtaignier sont plantés sur le pourtour de l'abri, à distance régulière. Les murs sont alors bâtis avec des tiges d'osier tressées deux par deux, jusqu'à la hauteur souhaitée. Pour renforcer la structure, des tiges d'osier vivant sont plantées à intervalles d'un mètre. En s'enracinant, elles contribuent à fixer la cabane au sol, tout en assurant la rigidité de la base. Le toit est recouvert de brandes de bruyère découpées et assemblées sur place. Un auvent protège la porte d'entrée, elle aussi décorée d'ouvrages en osier.

UNE CONSTRUCTION VIVANTE

L'osier développe chaque année de longues tiges que l'on a réunies ici à la pointe du toit pour former une seconde toiture. Cette nouvelle « enveloppe » intègre la construction dans un écrin de verdure en harmonie avec le reste du jardin. Les pousses qui naissent au niveau du sol adoucissent également les murs. Cet abri de jardin s'appuie sur une palissade elle-même réalisée en plessis pour former un tout.

MISE EN ŒUVRE

Bâtir un tel abri demande une très bonne maîtrise de l'art du plessis. De même, il faut être équipé pour réunir les branches d'osier au faîte du toit. Pour être sûr d'obtenir un résultat équilibré et fonctionnel, mieux vaut faire appel à un professionnel.

Matériel : piquets de châtaignier de 2,50 m à 3 m de haut, longues tiges d'osier sec, osier vivant.

Si le bois est le plus facile à mettre en œuvre pour bâtir un abri de jardin, d'autres matériaux sont également utilisables, comme la pierre. L'objectif est d'intégrer la construction dans son environnement tout en s'autorisant les formes originales et esthétiques.

ABRIS DE JARDIN

**4. Installée au bout
d'une allée engazonnée,**
cachée par des massifs
de fleurs et décorée
d'un rosier grimpant,
cette construction en bois
reste le domaine réservé
du jardinier.

1. Avec son toit de chaume en pain de sucre, cette hutte de briéron est plus décorative que fonctionnelle ! Mais elle apporte une touche très personnelle au jardin. Sa construction demande un savoir-faire certain.

2. Classique, cet abri en bois s'ouvre sur une terrasse où un salon de jardin offre la possibilité de se détendre. Crochets et étagères optimisent l'espace disponible le long du mur, à l'abri de l'avancée du toit.

3. Cet abri, construit autrefois dans la campagne pour protéger les bergers, trouve magnifiquement sa place dans ce jardin. La porte est cependant un peu basse pour un usage quotidien.

5. En pierre de pays et dotée d'une toiture en tuiles reprenant le style des constructions de la région, cette petite bâtisse se fond parfaitement dans son environnement. Une étroite fenêtre laisse entrer un peu de lumière, tout en préservant de la chaleur.

ÉCLAIRAGE

Quel plaisir de pouvoir prolonger les soirées d'été, confortablement installé sur la terrasse, afin de profiter d'un nouveau jardin une fois la nuit tombée ! C'est tout le charme d'un éclairage judicieusement conçu. Outre la présence de luminaires propres à faciliter la vie sur la terrasse, quelques spots bien disposés mettent en valeur les arbres les plus remarquables, une fontaine ou une belle statue au détour d'une allée. Et cette juxtaposition d'espaces de lumière et de zones d'ombre apporte un nouveau relief au jardin : il paraît soudain plus vaste, plus profond. Une nouvelle ambiance se dessine. Au-delà de cette approche esthétique, l'éclairage a bien sûr un rôle fonctionnel : guider les pas du jardinier et de ses invités pour qu'ils accèdent à la maison et à la terrasse sans encombre. Aujourd'hui, le choix en luminaires est suffisamment important pour offrir la source lumineuse qui convient à chaque utilisation. Deux principes doivent vous guider en la matière : la lumière ne se voit que si elle se réfléchit sur un obstacle et les sources lumineuses ne doivent jamais aveugler par un éclairage direct. ∎

DOUBLE PAGE PRÉCÉDENTE : INSTALLÉE EN BORD D'ALLÉE, LA SOURCE LUMINEUSE ÉCLAIRE LE PASSAGE TOUT EN METTANT EN VALEUR LA PERGOLA ET LES PLANTES GRIMPANTES QUI Y TROUVENT UN SUPPORT. QUELQUES LANTERNES À BOUGIES CRÉENT DES POINTS LUMINEUX QUI DONNENT DU VOLUME AU JARDIN.

CI-CONTRE : CETTE LANTERNE ABRITE UNE BOUGIE DONT LA LUMIÈRE CHAUDE SOULIGNE LA BEAUTÉ DE L'ÉCORCE DE CE CERISIER. ELLE OFFRE ÉGALEMENT UN PEU DE LUMIÈRE POUR MIEUX PROFITER DU BANC PROTÉGÉ PAR UNE PERGOLA QUAND LA NUIT TOMBE.

Une incitation à l'aventure

Cette zone éclairée, au fond du jardin, forme un halo lumineux qui attire inconsciemment le regard, incitant le visiteur à aller voir ce qui s'y passe. Le jardin paraît alors plus grand qu'il ne l'est en réalité.

Dans ce jardin, c'est la zone d'ombre entre la partie éclairée, au premier plan, et le bosquet mis en lumière, au fond, qui donne cette impression de profondeur de champ : il suffit de revenir au même endroit, en plein jour, pour prendre la mesure réelle de l'espace. C'est cette alternance d'ombre et de lumière qu'il faut rechercher absolument pour l'éclairage de son jardin. C'est aussi ce qui donne du mystère, donc l'envie d'aller voir ce qui se passe au loin… et une manière de conjurer la peur du noir qui affecte beaucoup de nos contemporains, même adultes !

MISE EN ŒUVRE

L'installation d'un éclairage demande un important travail de terrassement car les tranchées qui abritent les câbles électriques doivent être suffisamment profondes pour éviter tout accident ultérieur dû au sectionnement accidentel d'un câble sous tension. Attention aussi aux raccordements électriques qui doivent être parfaitement étanches.

Matériel : pinces coupantes, pinces à dénuder, tournevis, testeur de phase, niveau…

Une installation réfléchie

Pour éclairer un jardin, il ne suffit pas d'installer un luminaire au milieu des plantes puis de raccorder la source lumineuse à une prise de courant ! L'installation doit être réfléchie avec, pour éviter toute erreur, la réalisation d'un plan. En premier lieu, la zone à éclairer ne se choisit pas au hasard : mieux vaut mettre en exergue un point remarquable du jardin. Ensuite, le luminaire et sa source lumineuse doivent être adaptés aux végétaux que l'on souhaite valoriser. Enfin, le raccordement électrique demande une mise en œuvre soignée car l'électricité et la terre ne font guère bon ménage. Mais, au bout du compte, quel résultat final !

ÉCLAIRAGE

La magie de la lumière

Dans ce faisceau de lumière, cette cépée prend une nouvelle dimension, une fois la nuit tombée. Elle paraît plus imposante tout en attirant irrésistiblement le regard au cœur de cette masse sombre.

Judicieusement éclairé, un arbre banal trouve immédiatement une nouvelle parure. C'est le cas pour cette cépée de noisetiers qui passe presque inaperçue en plein jour. Elle se fond dans le paysage alors que la nuit, grâce à un luminaire qui l'éclaire par-dessous, elle exerce une réelle attraction. Ses troncs forment des lignes qui s'échappent vers le ciel, entraînant avec eux le regard. Ils se détachent aussi sur cet éléagnus taillé en boule qui forme un fond original sous la lumière chaude. L'effet graphique est plus intense en hiver car seules les ramures captent la lumière.

LE CHOIX DE LA SOURCE LUMINEUSE

Simple en apparence, cette installation ne supporte aucune erreur tant dans le choix de la source lumineuse que dans l'installation du luminaire. Pour la première, la température de couleur est primordiale. Cette donnée est toujours indiquée sur les emballages des lampes. C'est elle qui détermine la qualité de l'éclairage. Les sources les plus froides sont à réserver aux conifères, les plus chaudes aux feuillus. Le choix est suffisamment vaste pour vous permettre de trouver la lampe en accord avec vos végétaux. Évitez les sources de couleurs obtenues au moyen d'un cache spécifique : le résultat n'est guère esthétique… Par ailleurs, gardez à l'esprit que la source lumineuse doit toujours être discrète. Veillez par conséquent à ce que le faisceau lumineux ne soit jamais dirigé vers les yeux du promeneur ou de l'observateur.

MISE EN ŒUVRE

La difficulté de l'installation tient à l'obligation d'enterrer le câble d'alimentation si vous travaillez avec une basse tension supérieure à 50 volts : une tranchée profonde est nécessaire, avec des protections spécifiques, ce qui alourdit les travaux. Attention aux connexions électriques qui doivent être parfaitement étanches !

Matériel : pinces coupantes, pinces à dénuder, tournevis, testeur de phase…

Marcher en toute sécurité

Le jardin ne se pratique pas uniquement l'été, quand les jours sont longs ! Durant les autres saisons, un éclairage spécifique est bien utile pour rejoindre la maison sans trébucher sur le moindre obstacle.

Cheminer en toute sécurité dans le jardin sans avoir à tâtonner, une fois la nuit tombée, est très appréciable pour ceux qui vivent dans la propriété, mais aussi pour ceux qui viennent leur rendre visite à toutes les époques de l'année. L'escalier constitue certainement l'obstacle le plus problématique dans la pénombre, surtout quand il n'est pas rectiligne, comme ici. Pour éviter de heurter les rochers qui le bordent, les propriétaires des lieux ont pris le parti d'y installer un éclairage diffus qui éclaire suffisamment le giron de la marche. Chacun sait alors où il peut poser le pied, sans craindre la chute. Un flash d'appoint rend la photo plus claire que la situation ne l'est dans la réalité. L'idée est de matérialiser les marches juste quand il fait nuit.

Un éclairage rasant

Le luminaire idéal pour éclairer un escalier produit une lumière rasante, qui se diffuse parallèlement à la surface de la marche. Ce flux lumineux horizontal s'obtient en équipant d'une casquette un luminaire classique. De nouveaux modèles sont dotés d'une source lumineuse qui s'échappe par un côté, produisant directement un flux horizontal. L'idéal est en effet que le visiteur ne voie absolument pas la source lumineuse, comme dans ce jardin. Reste que la puissance lumineuse doit être suffisamment faible pour ne pas aveugler.

La très basse tension est parfaite

L'objectif est de matérialiser la surface de la marche afin qu'elle soit bien visible lorsqu'on emprunte l'escalier. Nul besoin d'une grosse source lumineuse ; la très basse tension (12 ou 24 volts) convient parfaitement, tout comme les luminaires solaires, qui emmagasinent l'énergie électrique grâce à des petits panneaux photovoltaïques intégrés. L'avantage de la première technique est qu'elle n'oblige pas à enterrer les câbles d'alimentation électrique : ils peuvent courir à la surface, même s'il vaut mieux les masquer sous un peu de terre pour une meilleure esthétique. Quant à la seconde, elle ne demande aucun branchement : chaque luminaire est autonome !

MISE EN ŒUVRE

La très basse tension nécessite un transformateur qui doit être raccordé au secteur. La plupart des modèles proposés sont étanches, mais il est préférable de les installer à l'intérieur de la maison. Cela évite, entre autres, de laisser une prise de courant à la disposition de visiteurs importuns… Les luminaires se fichent dans le sol ou se vissent sur les marches. Le câble sera dissimulé dans la construction pour se faire discret.

Matériel : luminaires, câble électrique, transformateur, pinces coupantes, tournevis.

ÉCLAIRAGE

L'esprit des lumières...

Ces boules de lumière semblent venues tout droit de l'Éden pour animer ce jardin. La présence de l'eau leur sert d'écrin pour accentuer encore davantage cette animation lumineuse un peu irréelle.

Grâce au matériau translucide des boules, la lumière émise par la lampe, à l'intérieur, crée un halo diffus, à la fois dense et doux pour les yeux. L'intensité lumineuse assure l'éclairage d'une large zone autour de chaque boule. L'effet est amplifié par l'eau qui réfléchit les ondes lumineuses vers le haut. Les arbres sont alors éclairés de manière uniforme, ce qui valorise leur feuillage et leur structure. Fascinants et légèrement hypnotiques, ces points lumineux invitent à se laisser aller pour s'évader dans des territoires lointains.

DES BOULES ÉTANCHES

Ces sphères sont totalement étanches, ce qui permet de les poser sur l'eau, mais aussi sur l'herbe ou dans n'importe quel endroit du jardin. Ces luminaires étant disponibles en plusieurs diamètres, il est intéressant de jouer sur leur taille pour animer un jardin à la tombée de la nuit. Et il est très facile de faire varier les effets en les déplaçant simplement d'un endroit à un autre, du bassin à la terre ferme et inversement. Le matériau utilisé assure une diffusion de la lumière dans toutes les directions, de manière homogène. C'est ce qui explique cette impression de douceur et d'apaisement.

SIMPLES À INSTALLER

Ces boules sont disponibles en quatre diamètres, avec un câble d'alimentation de 10 ou 20 m. Elles sont alimentées en très basse tension (12 volts), il suffit de les poser où on le souhaite. Les connexions au transformateur sont étanches. Bien qu'il soit lui aussi étanche, mieux vaut installer ce dernier dans un endroit abrité, sans contact direct avec le sol. Prenez la précaution de cacher le câble d'alimentation électrique de manière que chaque sphère semble sortie de nulle part, avec sa propre alimentation électrique. L'impact visuel sera plus fort et plus irréel.

> **MISE EN ŒUVRE**
>
> Ces luminaires ont un indice de protection IP x7 qui garantit une totale étanchéité. Les lampes en 12 volts qui les équipent offrent des puissances allant de 5 à 23 watts. Cela semble faible, mais l'effet de halo dû au matériau décuple la perception de la lumière. Il suffit de relier chaque boule au transformateur d'alimentation, et l'éclairage est en place.
>
> **Matériel :** aucun, puisqu'il suffit de connecter les câbles d'alimentation de chaque luminaire aux sorties du transformateur, lui-même relié à une prise électrique.

Quelques luminaires suffisent à créer une ambiance nouvelle et originale pour profiter de son jardin dès que la nuit s'invite. L'été, cela permet de prolonger les soirées. L'hiver, cet éclairage facilite les déplacements et autorise même quelques travaux malgré la pénombre.

ÉCLAIRAGE

4. Une simple lanterne équipée d'une bougie produit une lumière chaleureuse qui apporte une touche d'intimité au jardin.

5. Cette lanterne chinoise, en granite, est mise en valeur par un projecteur qui sait se faire oublier. Des bougies placées à l'intérieur de la lanterne accentuent les formes de cet accessoire.

1. Caché sous le débord du toit de cet abri de jardin, un luminaire permet de poursuivre ses travaux tout en animant l'espace.

2. Des bougies chauffe-plats deviennent des luminaires de jardin une fois placées dans des pots de yaourt en verre ou dans des verres. Elles délimitent le cheminement qui accompagne les visiteurs jusqu'à la maison ou la tonnelle.

3. Les massifs de fleurs s'éclairent toujours par le dessus de manière à valoriser les végétaux sans éblouir. Reste que le luminaire n'est pas discret en plein jour...

SAVOIR-FAIRE

Bien concevoir l'éclairage

L'éclairage au jardin a une triple finalité. Il a d'abord un aspect utilitaire en permettant de se déplacer sans risquer de chuter dans les massifs ni de heurter les branches basses des arbres. Ensuite, il participe à la sécurité des lieux en créant une présence lumineuse. Équipé d'un détecteur de mouvement, il joue un rôle dissuasif. Accessoirement, il vous évite de tâtonner dans le noir pour ouvrir le portail ou la porte quand vous rentrez tard le soir... Quant à vos amis, ils trouveront plus facilement le chemin de votre porte. Enfin et surtout, la lumière possède une dimension esthétique trop souvent négligée.

Ces luminaires, suspendus à la pergola, éclairent l'entrée pour le visiteur tout en valorisant la glycine.

Par la juxtaposition de zones d'ombre et de lumière, l'éclairage donne du relief et du volume à votre jardin, quelle que soit sa taille. Il met en valeur là une plante, ici la texture d'un mur ou la silhouette d'un arbre. L'espace prend alors une nouvelle dimension grâce à cette mise en scène. Bien conçu, l'éclairage vous offre deux univers en un, totalement différents le jour ou la nuit...

Quelques principes à respecter

Éclairer un jardin ou une terrasse n'est pas compliqué en soi, mais il y a quelques principes à connaître et à respecter. Dans un jardin, la lumière ne se voit que si elle est arrêtée par un obstacle. C'est là une évidence, encore faut-il la garder à l'esprit ! À quoi servirait un projecteur qui éclaire le ciel... Il convient également d'éviter les lumières directes qui éblouissent : aveuglé, vous n'apprécieriez plus rien. Commencez par oublier le spot avec sa lampe halogène de 500 watts ! Même s'il permet de voir comme en plein jour sur sa terrasse, il est inconfortable et ne fait qu'écraser la végétation. Jouez plutôt sur les alternances d'ombre et de lumière pour donner de la profondeur et du volume à votre jardin, mais aussi à votre terrasse.

Ne cherchez pas à éclairer tout votre jardin, vous ne pourrez jamais remplacer le soleil ! Au contraire, focalisez la lumière sur quelques points remarquables. Un arbre judicieusement éclairé prend beaucoup de caractère quand il se détache sur un fond noir.

Les allées et les escaliers

Pour signaler les contours d'une allée, mieux vaut utiliser des petits luminaires cylindriques. Installés au niveau du sol ou à faible hauteur, ils produisent une lumière rasante qui n'éblouit pas tout en étant parfaitement efficace. Ce chemin lumineux crée en même temps une animation dans le jardin. Les escaliers s'éclairent de la même manière, avec un luminaire rasant qui dévoilera toute la surface de la marche. Si l'escalier est long et comprend un grand nombre de marches, optez plutôt pour des bornes plus hautes, avec un faisceau lumineux descendant vers le sol ; ces cônes de lumière éclaireront plusieurs marches à la fois.

Les massifs de fleurs

Pour valoriser un massif de fleurs, privilégiez les luminaires champignons. Vous obtiendrez ainsi des cônes de lumière qui se détacheront dans la masse sombre du fond de votre jardin. La puissance de la lampe doit être adaptée aux plantes en place pour éviter que la lumière ne les écrase. L'utilisation de la très basse tension (12 ou 24 volts), avec des luminaires sur pics et des connexions rapides, permet de faire évoluer l'éclairage au fil des saisons.

Les arbres et arbustes

Ce sont certainement les végétaux qui sont le mieux valorisés par la lumière. Éclairée par le dessous, la frondaison d'un arbre devient majestueuse, isolée sur un écrin sombre. Mais attention : l'éclairage doit être adapté à l'espèce et au port de la plante. Les conifères et les arbres très feuillus s'éclairent de l'extérieur, parallèlement à la frondaison, pour souligner la beauté du feuillage. Les arbres moins denses (bouleaux, charmes, prunus, fruitiers...)

ÉCLAIRAGE

s'éclairent de l'intérieur, au plus près du tronc, pour mettre en évidence leur silhouette, même en hiver.

Tout l'art consiste à sélectionner quelques sujets remarquables afin de créer autant de points qui vont attirer le regard et donner ainsi plus de relief et de profondeur au jardin.

La pergola

S'il s'agit d'une structure légère servant de support à des plantes grimpantes (rosier, clématite, capucines, ipomées...), celles-ci gagneront à être éclairées de bas en haut, au moyen d'un projecteur installé au ras du sol ou enterré. Si la pergola constitue un cheminement couvert de plusieurs mètres de longueur, les plantes seront plutôt éclairées de l'intérieur, avec de petits projecteurs dissimulés derrière les poutres, qui tendront à renforcer l'impression de « tunnel » de verdure.

Les haies

Une haie peut être éclairée, mais tout dépend de son emplacement et du but recherché.

En fond de jardin, on peut choisir de créer un fond lumineux sur lequel se détacheront, en ombre chinoise, des arbustes et des arbres. Un éclairage rasant, à l'aide de projecteurs enterrés, mettra davantage cette haie en valeur. Si la haie est proche d'un cheminement, elle peut servir de guide, une fois mise en lumière. Installez alors de petits projecteurs sur le sol, légèrement en avant de la haie, pour l'éclairer obliquement et éviter ainsi tout éblouissement.

La terrasse

Sur la terrasse, un éclairage direct (appliques fixées sur le mur, lampadaire installé en périphérie...) permet de délimiter un coin lecture ou une zone de repas tandis que des éclairages indirects créent une ambiance feutrée et douce. L'installation doit jouer sur la transition avec le jardin pour valoriser des plantes.

Pour peu qu'un arbre soit disponible à proximité, il servira de support à un luminaire de type lustre qui diffusera un halo de lumière au-dessus de la table du salon de jardin. Les supports d'une pergola feront aussi l'affaire. La terrasse profite également de l'éclairage du jardin, qui permet d'assurer un ou plusieurs arrière-plans. Mieux vaut éviter de multiplier les points lumineux, pour donner du volume et apporter une note de mystère.

L'entrée

Éclairer l'entrée de sa maison permet d'accueillir ses visiteurs dans de bonnes conditions. C'est aussi pratique pour le propriétaire des lieux, notamment quand il doit chercher ses clés pour rentrer ! Le classique projecteur à lampe halogène est efficace pour dissuader les importuns, mais a l'inconvénient d'être aveuglant pour les autres ! Mieux vaut installer des bornes qui balisent le passage du portail à l'entrée de la maison. Là, des appliques, de chaque côté de la porte, diffuseront une lumière douce.

Un détecteur de présence allumera l'éclairage lorsque vous pénétrerez dans le jardin. Une minuterie le coupera automatiquement au bout d'un temps fixé à l'avance. Un détecteur crépusculaire ne déclenchera l'éclairage que la nuit.

La piscine

L'éclairage d'une piscine se conçoit au moment de sa construction. Il s'agit d'inclure dans les murs des projecteurs étanches. Une fois allumés, ceux-ci transforment l'eau en une masse de lumière du plus bel effet.

À l'extérieur, sur le pourtour et la plage, on peut utiliser les mêmes luminaires que pour la terrasse. Des plots à l'éclairage rasant ou utilisant des LED indiqueront le cheminement pour rejoindre la piscine, tandis que des bornes assureront l'éclairage des parties extérieures.

Le bassin

Des projecteurs étanches, installés sous l'eau, mettent en valeur les plantes aquatiques et les poissons nageant entre deux eaux. Plus féeriques encore, les jets d'eau ! Éclairés par-dessous, ils se transforment en fibres optiques, donnant l'impression que l'eau est faite de lumière. Pour obtenir cet effet, il suffit d'installer un projecteur étanche sur la pompe, juste à la sortie de l'ajustage, sous l'eau. Reliées au secteur ou alimentées par des cellules photoélectriques couplées à des accumulateurs, des boules lumineuses posées sur l'eau créeront une sensation de légèreté en oscillant lentement au rythme de l'onde.

Les bancs

Si l'aspect décoratif prévaut, par exemple au fond du jardin, un projecteur placé sous un banc lui donnera plus de relief. Là comme ailleurs, vous veillerez à l'orienter de manière que la source lumineuse n'aveugle pas. Si vous désirez profiter pleinement du banc pendant les soirées d'été, la lumière doit venir d'en haut, sous forme d'un halo doux pour éviter d'éblouir. La solution passe alors par un lampadaire installé à proximité ou par un luminaire fixé à la branche d'un arbre proche.

> ### Les LED, une révolution
> *Les LED (Light Emitting Diodes, ou diodes électroluminescentes) sont de petites sources lumineuses promises à un très bel avenir. Elles sont appelées à remplacer les sources de lumière conventionnelles. Leur très longue durée de vie (80 à 100 000 heures), leur faible consommation d'énergie, leur caractère incassable et leur polyvalence d'emploi en font des accessoires avantageux. Et elles sont de plus en plus lumineuses ! L'intensité des LED blanches est ainsi passée de 5 lumens par watt (lm/W) en 1996 à 50 lm/W en 2005. La barre des 70 lm/W a déjà été atteinte en laboratoire, avec un objectif à 100 lm/W pour 2010 ! Elles dépassent les performances des lampes à incandescence...*
> *Les avantages des LED sont nombreux. Elles fonctionnent en très basse tension, avec une consommation extrêmement réduite, ce qui est un atout pour l'extérieur. Elles sont aussi très résistantes aux chocs grâce à une résine époxy qui les rend très robustes. Elles n'émettent ni rayons UV, ni infrarouges, et il est possible de faire varier leur intensité lumineuse. Ces sources fonctionnent avec des tensions différentes selon la couleur émise : 2 volts pour les LED rouges et jaunes, 3,5 volts pour les LED blanches, vertes et bleues. C'est pourquoi elles nécessitent un système d'alimentation particulier, fourni avec les luminaires.*
> *Aujourd'hui, les LED sont utilisées pour assurer le balisage des allées et des escaliers. Des LED de haute puissance, réunies sur une même platine, forment un projecteur qui met en valeur un point précis du jardin. Elles sont aussi beaucoup employées dans les luminaires solaires. Elles permettent par ailleurs de fabriquer des petits projecteurs dont l'efficacité va grandissant.*

Des contraintes techniques qu'il faut respecter

Tension et sécurité

La basse tension (230 volts) offre à la fois de la puissance et un très grand choix de sources lumineuses et de luminaires. Son installation implique cependant le respect de normes et de règles très strictes.

Les câbles électriques doivent être du type U 1000 R2V (norme NF C 32-321) ou FR-N 05 VV-U (norme NF 32-207), d'une section de 1,5 mm² pour une puissance maximale de 2 200 watts ou de 2,5 mm² pour 3 600 watts. Ils seront posés dans des conduits TPC de couleur rouge, conformes à la norme NF EN 50086-2-4, eux-mêmes placés dans une tranchée de 60 cm de profondeur. Puis il faut dérouler un dispositif avertisseur, sous forme de grillage en plastique de couleur rouge conforme à la norme NF T 54-080, 10 cm au-dessus des conduits avant de reboucher la tranchée.

Les raccordements doivent être réalisés dans des boîtiers étanches, jamais enterrés. Toute l'installation doit impérativement être protégée par un disjoncteur différentiel de 30 mA placé en amont de l'installation.

La très basse tension (12 ou 24 volts) est plus facile à installer. Le câble peut courir à la surface du sol, entre les plantes. Il faut alors veiller, lors des différents travaux au

UNE TRANCHÉE POUR LA SÉCURITÉ

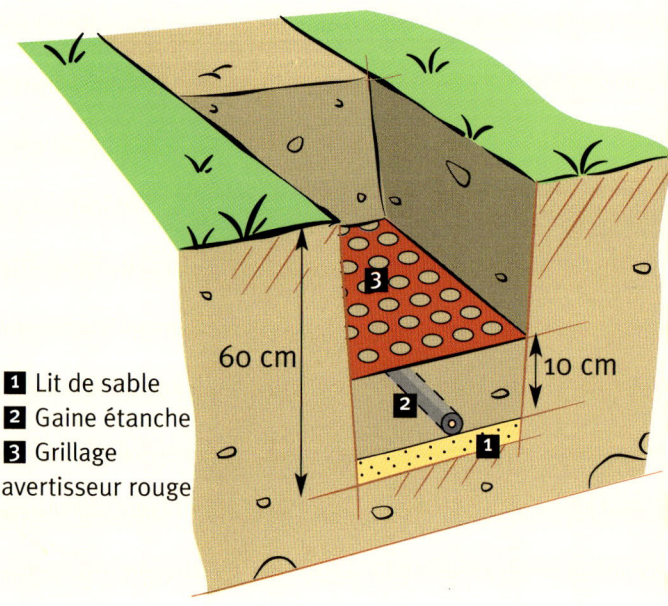

1. Lit de sable
2. Gaine étanche
3. Grillage avertisseur rouge

jardin, à ne pas les sectionner. Ces câbles ne doivent pas passer sur la pelouse, sinon la tondeuse en aurait vite raison. Les transformateurs, obligatoires, limitent la puissance disponible (100 watts en général), donc le nombre de luminaires. Attention aussi aux chutes de tension dans les câbles au-delà d'une longueur de 30 m.

La bonne source lumineuse

Les lampes les plus utilisées pour éclairer un jardin sont constituées d'une ampoule de verre contenant un filament et un gaz. En fonction de la nature du filament et de la composition du gaz, chaque type de lampe a une température de couleur, exprimée en degrés Kelvin (°K). Cette température influe sur la couleur qui s'exprime : plus elle est basse, plus la lumière est chaude, et inversement.

Pour l'œil, une bonne lumière artificielle possède une température de 3 200 °K. Les lampes à forte température de couleur tirent vers les bleus (type halogènes ou iodures métalliques), pour donner une lumière polaire qui souligne les verts. Les lampes chaudes (type à vapeur de sodium) valorisent les feuillages cuivrés ou pourpres ; par contre, leur effet est catastrophique sur le vert ! Pour ne pas vous tromper, choisissez une lampe dont la température de couleur oscille entre 3 000 et 4 000 °K.

Des luminaires adaptés

Différentes normes permettent de vérifier la sécurité et la conformité d'un luminaire. L'une concerne l'isolation électrique. Elle se caractérise par **des classes**. La classe I impose le raccordement à la terre. La classe II regroupe des luminaires à double isolation qui ne nécessitent pas de mise à la terre. Enfin, la classe III concerne les luminaires à très basse tension (50 volts maximum) qui sont reliés à un transformateur.

L'indice de protection est quant à lui identifié par les lettres IP suivies de deux chiffres. Le premier indique le degré de protection des parties sous tension contre les contacts et les corps solides ; il varie de 0 à 6. Le second indique le degré de protection des parties sous tension contre l'eau ; lui aussi varie de 0 à 6. Pour le jardin, ce second chiffre doit être de 4 ou 5. Sur le luminaire, il s'accompagne de un ou deux triangles avec une goutte d'eau à l'intérieur.

Les luminaires solaires

Ces luminaires utilisent des capteurs solaires qui produisent de l'électricité, stockée ensuite dans des accumulateurs. Une cellule photoélectrique déclenche l'éclairage au crépuscule. La lampe éclaire tant qu'il y a de l'électricité dans les accumulateurs, soit pendant 4 à 10 heures suivant l'appareil. Le lendemain, ceux-ci se rechargent dès qu'il fait jour. Le rendement dépend de l'intensité solaire. Quant à l'intensité de la lumière produite, elle reste faible, mais ces luminaires forment des points lumineux qui animent le jardin et peuvent servir de guide pour une allée ou un escalier. L'arrivée des LED a permis d'obtenir une lumière plus intense convenant pour l'éclairage des plantes, statues et autres fontaines. Leur avantage tient à leur parfaite autonomie : il suffit de les installer à l'endroit choisi et c'est tout !

Avoir une approche méthodique
Pour être sûr d'obtenir le résultat souhaité, mieux vaut être méthodique ! Suivez scrupuleusement les étapes suivantes. Cette perte de temps apparente vous en fera gagner au moment de l'installation, car vous aurez alors tout le nécessaire à portée de main !

1 – Faites d'abord un plan à l'échelle, sur lequel vous reporterez les massifs en précisant les végétaux qui les composent, les arbustes et les arbres, avec leurs formes, leurs tailles et leurs couleurs, la pelouse, les allées, les fontaines, les bassins, les treillages, les pergolas, les statues, les trompe-l'œil et autres « obstacles » qui peuplent votre jardin.

2 – Sélectionnez ensuite les éléments à mettre en valeur, puis choisissez les luminaires adaptés. À ce stade, n'hésitez pas à faire appel à un distributeur ou à un installateur. Son expérience et sa connaissance des produits vous seront d'un précieux concours.

3 – Reportez ces luminaires sur votre plan puis dessinez le câblage de votre installation. Tenez compte de la puissance des différents dispositifs pour sélectionner le diamètre des câbles électriques et des accessoires de protection (disjoncteur différentiel). Prévoyez toujours une marge de puissance pour pouvoir installer un luminaire supplémentaire plus tard. Trouvez le meilleur emplacement des transformateurs, si vous travaillez avec de la très basse tension, ainsi que celui du programmateur et du détecteur crépusculaire.

4 – Avant tout travail définitif, simulez l'installation en surface pour être sûr d'avoir tous les accessoires nécessaires et suffisamment de longueur de câble. Procédez à l'installation des câbles puis des luminaires. Réalisez les raccordements et reliez le disjoncteur différentiel au réseau. Faites un essai. Tout devrait fonctionner !
Sinon, coupez le courant et reprenez systématiquement toute votre installation pour voir où le câble n'est pas branché.

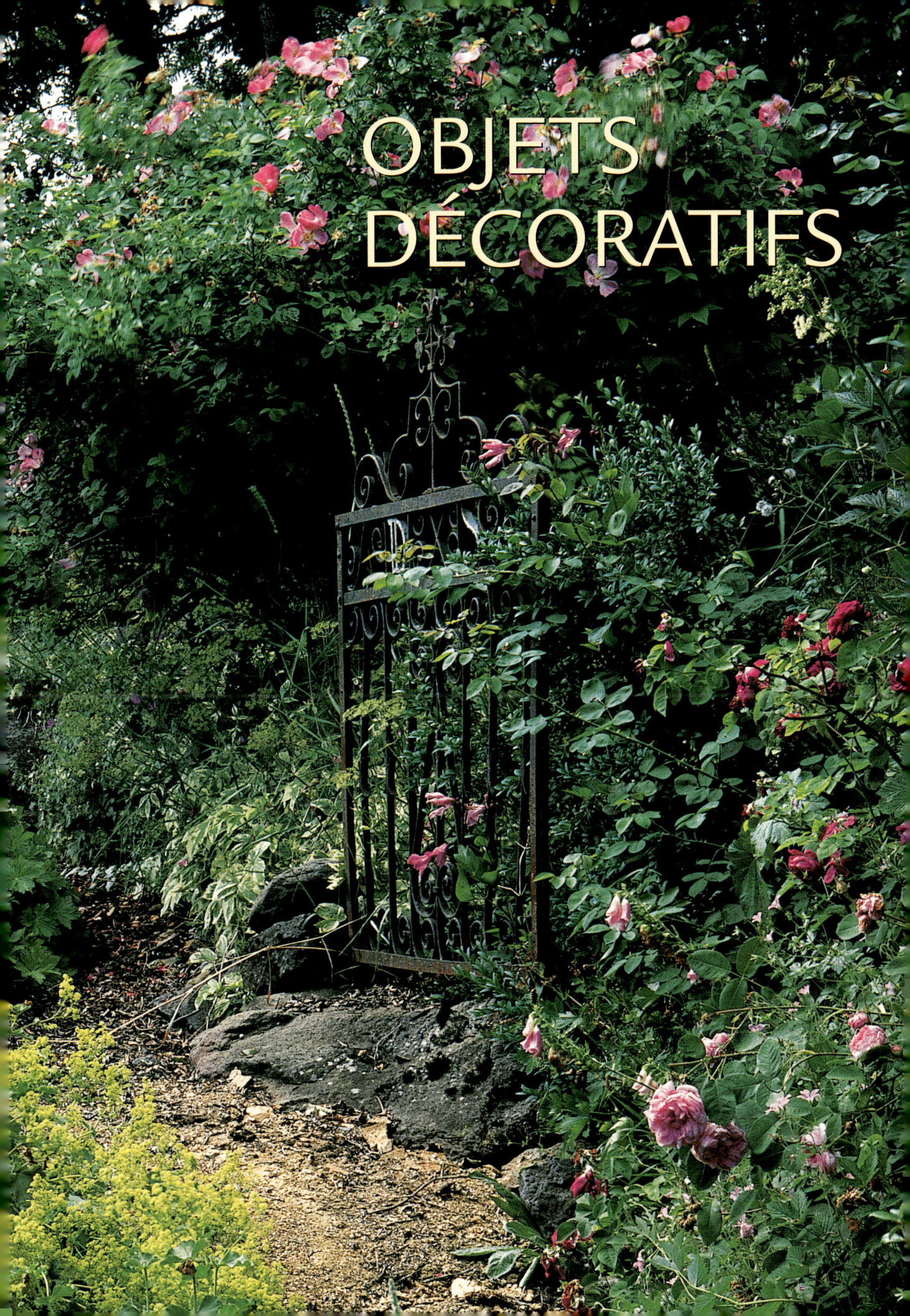
OBJETS DÉCORATIFS

OBJETS DÉCORATIFS

La réussite d'un jardin est aussi faite de ces quelques touches savamment déposées çà et là pour mettre en valeur un massif de plantes ou un aménagement plus important comme un mur ou une pergola. Pris isolément, ces petits détails paraissent anodins. Pourtant, une fois en place, ils forment la clé de voûte de l'organisation de cette pièce à vivre qu'est un jardin. Objets de récupération ou accessoires spécifiques destinés à un usage particulier, ces éléments sont nombreux et variés. Leur utilisation ou leur détournement sont affaire d'imagination. Seule règle à appliquer : la discrétion et l'adéquation avec le reste du jardin. ■

DOUBLE PAGE PRÉCÉDENTE : INITIALEMENT CONÇUE POUR UNE CLÔTURE, CETTE GRILLE EN FER FORGÉ SERT AUJOURD'HUI DE GARDE-FOU À UN PONT ENJAMBANT UN RUISSEAU CRÉÉ DE TOUTES PIÈCES.
SES LIGNES STRICTES S'HARMONISENT BIEN AVEC LA LUXURIANCE DES PLANTES ALENTOUR.

CI-CONTRE : CETTE VIEILLE POMPE À MAIN, SPLENDIDE PAR LE DESSIN DE SON CORPS EN FONTE DÉCORÉE, EST UN ÉLÉMENT DÉCORATIF APPRÉCIABLE. ELLE DONNE UN CACHET RUSTIQUE À LA FAÇADE SANS SE DÉPARTIR DE SON RÔLE TRADITIONNEL : ACCUEILLIR UN SEAU, DORÉNAVANT REMPLI DE FLEURS !

Le plaisir de la récupération

Les objets de la vie courante recouvrent une nouvelle jeunesse quand ils sont détournés de leur usage initial pour devenir des éléments de décoration. L'effet est parfois surprenant !

Combien d'objets ou d'accessoires attendent dans un coin du jardin ou au fond d'un grenier que quelqu'un veuille bien s'intéresser à eux ! De guerre lasse, bien des jardiniers finissent par tout emporter à la déchetterie, ne sachant que faire de ces encombrants vestiges. Pourtant, avec un peu d'imagination et de créativité, ils pourraient leur trouver une nouvelle utilité. Il suffit souvent de quelques adaptations pour leur octroyer une nouvelle place au jardin comme éléments de décoration ou faire-valoir des plantes.

1. Autour d'un point d'eau. Cette ancienne grille de fenêtre, en fer forgé très ouvragé, empêche l'accès au puits désaffecté qui sert aujourd'hui d'élément décoratif dans le jardin. Repeinte en bleu, elle est en harmonie avec le toit en ardoise qui protège le treuil du puits. Au premier plan, un ancien seau à charbon a été recyclé en jardinière, ajoutant à la nostalgie du décor.

OBJETS DÉCORATIFS

2. Un lit de verdure. Voilà un recyclage amusant pour ce sommier métallique passé aujourd'hui de mode. Installé au jardin, il trône au milieu du potager, invitant le jardinier à une bonne sieste lors des chaudes journées d'été ! Le moutonnement onduleux de la pelouse n'est pas sans rappeler la douceur de l'édredon cher à nos grands-parents...

3. Mise en scène au jardin. Cet élément de rambarde en fonte, issu d'un ancien balcon ou du garde-fou d'un pont, a été installé au fond du jardin, devant une haie. Son aspect ouvragé s'accorde bien avec le reste du décor. Des buis en boule permettent de rompre la rigidité verticale des barreaux. Pour assurer une parfaite sécurité, on a enfoncé dans le sol deux piquets en pin traité, qui maintiennent cet accessoire très lourd à chacune de ses extrémités.

1. Des formes et des couleurs.
Ce coin de jardin est composé de pots de différentes formes, de tailles variées et de hauteurs diverses, posés sur un lit de gravier. Chacun accueille une plante particulière pour créer un ensemble cohérent et harmonieux qui anime joliment cet espace.
La végétation dense, à l'arrière-plan, forme un écrin qui valorise encore les poteries en terre cuite.

2. Le charme du détournement.
Ces plantes grasses ont adopté avec bonne humeur des boîtes de conserve fixées à une porte grillagée par du fil de fer. Le contenant est bon marché et se marie bien avec l'acier du grillage. La vigne vierge ne tardera pas à masquer un peu plus la structure pour servir d'écrin aux plantations.

L'art du jardin en pots

Des fleurs ou des arbustes en pots permettent de décorer très rapidement un nouveau jardin, mais aussi d'animer et de faire vivre un recoin un peu triste ou trop longtemps oublié.

L'utilisation des pots n'est pas uniquement réservée aux plantes d'intérieur et aux végétaux de balcon. Cette technique de plantation est très utile dans les petits jardins de ville pour mettre en valeur un point particulier ou détourner le regard d'un mur inesthétique. Elle crée aussi des points d'animation qui focalisent le regard, y compris dans un jardin classique, lorsqu'il s'agit d'égayer un coin difficile à transformer en plate-bande ou en massif de fleurs. En jouant sur la taille des pots et en les installant à des hauteurs différentes, on donne plus de volume à l'espace aménagé. Le pot en terre cuite reste un *must* car il laisse les racines respirer tout en évacuant les excès d'eau. Le plastique a aussi ses avantages, notamment sa légèreté ! Posez-les sur des cales en terre cuite pour éviter une invasion de fourmis.

OBJETS DÉCORATIFS

3. LA CONQUÊTE DE L'ESPACE. DANS CE RECOIN TRÈS ÉTROIT, SANS DÉGAGEMENT, L'UTILISATION DE PLANTES EN POTS POSÉES SUR UNE ÉTAGÈRE DE FLEURISTE OCCUPE INTELLIGEMMENT L'ESPACE. CETTE DISPOSITION DONNE L'IMPRESSION QUE LE JARDIN EST PLUS PROFOND QU'IL NE L'EST EN RÉALITÉ.
LES VÉGÉTAUX SONT INSTALLÉS, POUR LA PLUPART, DANS DES POTS EN FONTE QUI ONT L'INCONVÉNIENT D'ÊTRE LOURDS ET MAL DRAINÉS. MAIS QUAND CES ACCESSOIRES SONT DÉJÀ DISPONIBLES DANS LE JARDIN, POURQUOI S'EN PRIVER ?

4. UNE ANIMATION SONORE. PEINT ET DÉCORÉ, CE POT DE TERRE CUITE A ENSUITE ÉTÉ ATTACHÉ PAR LE FOND À UNE BRANCHE À L'AIDE D'UNE FICELLE. UNE POMME DE PIN DÉPASSE QUI, AU GRÉ DU VENT, VIENT COGNER LE BORD DU POT POUR ÉMETTRE UN SON UN PEU GRAVE, APPORTANT UNE NOTE MUSICALE AU JARDIN.

Un jardin animé

Quelques objets disséminés ici et là participent activement à l'animation d'un jardin. Grâce à eux, le jardinier peut aussi pratiquer l'art du décor éphémère.

Les éléments décoratifs ne sont pas une obligation dans un jardin. C'est une affaire de goût personnel ! Mais ils participent néanmoins à l'ambiance générale et permettent d'en renouveler l'intérêt. Tout comme dans un intérieur, ils offrent de nombreuses possibilités de variations de décor sans pour autant remettre en cause les plantations. Ils s'avèrent notamment très appréciables pendant l'hiver, lorsque fleurs et feuilles font défaut. Cependant, tout est question d'équilibre et de mesure : multiplier ces accessoires dans le jardin ne semble guère judicieux. La réussite passe toujours par la modération et surtout par la simplicité...

1. Au gré du vent. Ces galets peints de toutes les couleurs sont suspendus à la frondaison d'un arbre. Placés à différentes hauteurs, ils forment une manière de rideau sans rien cacher pourtant du reste du jardin. Ce premier plan s'anime dès que le vent se lève, créant un décor original, éphémère ou permanent, selon l'humeur du jardinier ou des occupants du lieu.

OBJETS DÉCORATIFS

3. Un décor à la carte. Installés dans un parterre surélevé, ces neuf pots carrés en béton se déplacent selon l'envie du moment. Cette conception permet en effet de faire évoluer instantanément le décor pour peu que le jardinier cultive d'autres végétaux dans d'autres pots. Créer de nouvelles combinaisons devient alors un jeu en variant plantes et éléments minéraux comme ces graviers bleus. Plutôt destinée à une terrasse ou aux abords immédiats d'une maison, cette décoration florale se plie à toutes les fantaisies.

2. La chaleur du nid. Comme un bouquet de fleurs anime l'intérieur de la maison pendant quelques jours, pourquoi ne pas créer des décorations temporaires et changeantes dans son jardin ? Ici, un coin douillet évoque la chaleur d'un nid avec ses gros œufs en terre cuite, posés sur des fougères, et deux silhouettes d'oiseaux, eux aussi en terre cuite.

4. L'heure solaire. Le jardin est le lieu idéal pour accueillir un cadran solaire. Pour avoir l'heure la plus exacte possible, mieux vaut construire son propre cadran en suivant un schéma complexe, mais réalisable avec un peu de patience et de minutie. Les jardiniers moins habiles préféreront la solution d'un cadran prêt à l'emploi, qui donnera une heure plus approximative mais tout aussi intéressante. Et cela peut être très esthétique.

1. Un classique. Dans ce jardin d'inspiration française, avec ses bordures de buis taillé, la statue trouve naturellement sa place. Elle fait partie intégrante du paysage. Mais mieux vaut que sa taille soit proportionnée au décor afin de préserver l'équilibre des volumes, comme ici.

2. Le lutin du jardin. Suspendu à sa branche, ce nain espiègle fait finalement partie de l'imaginaire des jardiniers ! Il trouvera naturellement sa place dans un cadre de verdure, s'il parvient à échapper à la vigilance d'un certain Front de libération… Son côté kitsch est un clin d'œil plaisant qui introduit une touche d'humour.

La statuaire au jardin

Les jardins classiques, et notamment les jardins à la française, ont toujours réservé une place aux statues. La tradition se perpétue, mais la réussite n'est pas toujours au rendez-vous…

Introduire figurines ou statues dans son jardin est une affaire de goût personnel, même si l'influence de la mode se fait parfois sentir… Mais pour que leur installation soit un succès, encore faut-il bien choisir leur emplacement dans le jardin ! Points de mire, ces éléments décoratifs doivent attirer l'œil et égayer le jardin. Mieux vaut qu'ils ne soient pas trop nombreux pour ne pas créer une impression de confusion. Ils doivent aussi s'accorder avec le style global qui prévaut. Une statue classique dans un décor très moderne n'est pas forcément du meilleur effet, et inversement. Quant aux nains de jardin, leur petit côté kitsch et suranné est loin d'être désagréable, s'ils ne sont pas trop nombreux et éparpillés ! Pensez à installer un éclairage spécifique pour valoriser vos statues, une fois la nuit tombée.

OBJETS DÉCORATIFS

3. Ambiance champêtre. À défaut d'adopter un vrai coq dans son jardin, on pourra choisir un modèle en fonte peint en blanc ! Assurant une transition douce entre le gravier et le massif de fleurs, celui-ci a fière allure en bord d'allée. Son aspect patiné lui procure un charme supplémentaire.

4. Une présence discrète. En pierre reconstituée, cet ange jouant de la mandoline est un grand classique de la statuaire du jardin. Exposé aux regards au milieu du jardin, il serait un peu déplacé. Installé dans un massif parmi des fleurs, il devient un point d'intérêt qui attire le regard car il se fait alors plus discret.

CARNET PRATIQUE

Les matériaux

Le béton et le mortier

Le béton et le mortier sont des mélanges de liants (ciment ou chaux), de granulats (sable et gravier) et d'eau, dosés selon des règles bien précises en fonction des travaux à réaliser. Des adjuvants peuvent être incorporés pour améliorer les qualités du mélange.

Bien connaître le béton et le mortier

Le béton est un mélange de ciment, de sable, de gravier et d'eau. Il présente une grande résistance à la compression. Ses caractéristiques varient selon le dosage et l'ajout ou non d'un adjuvant. Le ferraillage améliore sa résistance à la traction et donne le béton armé. Au jardin, le béton sert au coulage de fondations pour des clôtures, de dalles de terrasses, de poteaux et d'assises pour des constructions.

Le mortier est un mélange de ciment ou de chaux, de sable fin et d'eau. Les mortiers de ciment prennent et durcissent rapidement ; ils sont très résistants. Les mortiers de chaux durcissent plus lentement ; ils sont souples, onctueux et présentent moins de retrait. Selon les dosages, le mortier s'utilise dans un grand nombre d'applications.

Le mortier bâtard est un mélange de ciment et de chaux, à parts plus ou moins égales, de sable fin et d'eau. Il cumule les avantages de chaque liant et fissure moins que les mortiers de ciment. Pour obtenir une plus grande plasticité, on augmente la part de chaux ; pour une plus grande résistance, c'est au contraire le ciment qui prédomine. Le mortier bâtard est de plus en plus remplacé par le ciment à maçonner.

Maigre ou gras ? Ce qui différencie un mortier maigre d'un mortier gras, c'est le dosage entre le sable et le liant. Si le volume de sable est supérieur au volume de ciment, le mortier est dit « maigre » ; si c'est l'inverse, il est dit « gras ».

Bien choisir le ciment

Lors de l'achat de votre ciment, mieux vaut savoir lire les indications portées sur le sac pour éviter les déceptions ! Les ciments se déclinent en plusieurs catégories définies par une norme européenne.

Les lettres CEM indiquent qu'il s'agit d'un ciment. Le chiffre romain qui les suit, allant de I à V, précise la famille du liant : le chiffre I signifie qu'il y a majoritairement (à 95 % et plus) du clinker, la base de tout ciment ; le chiffre II que ce ciment renferme au moins 65 % de clinker, associé à un autre élément, etc. Les lettres A, B et C donnent la proportion des différents éléments associés : A signifie peu, B moyen et C important. Les lettres qui suivent identifient alors les autres éléments présents dans le ciment. Enfin, le chiffre indique la classe de résistance mécanique du ciment à la compression au bout de 28 jours : 32,5, 42,5 ou 52,5. Une lettre peut venir terminer la formule : N désigne un ciment normal tandis que R (« rapide ») garantit une résistance minimale au bout de 2 à 7 jours, ce qui est intéressant pour enlever plus rapidement un coffrage.

Le ciment CEM II B/LL 32,5 R indique donc qu'il s'agit d'un ciment (CEM) composé de clinker à 65 % minimum (II) et de calcaire (LL) en quantité moyenne (B), soit 20 % environ. Le chiffre 32,5 signifie que sa résistance est de 32,5 bar par centimètre carré au bout de 28 jours, la lettre R que c'est un ciment rapide. Pour les aménagements extérieurs, le ciment CEM II 42,5 est le plus polyvalent.

Bien choisir la chaux

C'est le liant le plus ancien utilisé par l'homme pour bâtir des murs. Après une longue période d'oubli, la chaux revient sur le devant de la scène car elle est pleine de qualités. Elle offre, notamment, une très grande plasticité, si bien qu'elle suit les évolutions de la maçonnerie sans fissurer ou presque. Elle s'avère donc très utile pour monter des murs et jointoyer des pierres.

La chaux aérienne éteinte prend l'appellation de chaux calcique CL ou de chaux dolomitique (DL) selon la composition du calcaire utilisé comme matière première. Elle se décline en fonction de sa teneur en matière active : CL 90, CL 80 ou CL 70 ; DL 85 ou DL 80. Lente à sécher, elle s'utilise essentiellement pour les enduits.

La chaux hydraulique naturelle NHL durcit au contact de l'eau. Elle est classée en trois niveaux de résistance mécanique minimale au bout de 28 jours : NHL 2, NHL 3,5 et NHL 5. Pure, elle convient pour le jointoiement des pierres et des briques. Bâtardée, c'est-à-dire mélangée avec de la chaux éteinte, elle est bien adaptée au montage et au jointoiement des pierres et des briques tendres.

Bien choisir les granulats

Les granulats forment l'ossature du mélange, qu'il s'agisse d'un mortier ou d'un béton. Le premier n'utilise que du sable tandis que le second mélange sable et gravier.

Le sable doit être propre, sans limon, ni vase ni sel. Plus il est fin, plus la quantité de liant qui va agglomérer les grains entre eux sera importante. Un sable de bonne granulométrie doit comporter à la fois des grains fins, moyens et gros. Les grains les plus fins iront ainsi se loger dans les interstices entre les grains les plus gros pour combler les vides. Le sable fin (0,1 à 0,3 mm) sert aux enduits. Le sable moyen (0,3 à 1,25 mm) s'utilise dans les mortiers fins, ceux pour joints et les finitions. Le sable grossier (1,25 à 5 mm) s'emploie dans les mortiers et les bétons pour travaux lourds (chapes et fondations).

Les graviers et les gravillons présentent une granulométrie allant de 5 à 30 mm. Le gravier concassé est destiné aux bétons grossiers. Le petit gravillon, ou « mignonnette » (5 à 12 mm), est utilisé pour le béton fin et donne une finition plus lisse.

Bien acheter

Chaux et ciment sont vendus en sacs de papier de 25 ou 35 kg. Ces deux produits n'apprécient pas du tout l'humidité. Pour éviter qu'ils ne se transforment en un bloc dans le sac, n'achetez que la quantité de liant nécessaire quelques jours avant le début des travaux. Si ces derniers doivent s'étaler dans le temps, faites des approvisionnements à mesure de vos besoins.

Bien doser

Mortier et béton étant affaire de dosage, autant connaître les bonnes proportions ! Pour une chape de mortier, mélangez un sac de 35 kg de CEM II 32,5 avec 10 seaux de sable et 17 litres d'eau. Vous obtiendrez 100 litres de mortier. Ce même dosage convient aussi pour maçonner briques et blocs béton. Pour le jointoiement, préférez un mortier de chaux avec un sac de 35 kg de NHL 3,5 pour 9 seaux de sable et 20 litres d'eau. Vous aurez 90 litres de mortier.

Pour le béton de fondation, mélangez un sac de 35 kg de CEM II 32,5 avec 5 seaux de sable 0/5 mm, 7 seaux de gravier 5/20 mm et 17 litres d'eau pour 100 litres de béton.

Ne mettez pas trop d'eau dans votre mortier ou votre béton ! Il faut, en général, moitié moins d'eau que de ciment. Ne rajoutez jamais d'eau pour fluidifier un mélange : le résultat en serait fragilisé. Travaillez de préférence par temps frais et humide. S'il fait chaud ou si le soleil est ardent, recouvrez l'ouvrage avec une bâche en PVC pour qu'il sèche lentement et progressivement.

Les éléments de construction

Le bloc béton

Autrefois appelé parpaing ou agglo, le bloc béton est la base de toute construction – muret, mur ou abri de jardin en dur. Le bloc standard présente plus ou moins d'alvéoles. On le monte sur un joint de mortier, en alternant les blocs d'une rangée à l'autre. Brut, il demande un enduit de finition. Pour le manipuler, portez des gants car les arêtes sont rugueuses et abîment les mains. Certains blocs sont destinés à rester apparents. Leurs faces se déclinent en tons pierre ou sable. Il existe aussi des modèles qui reprennent les matériaux naturels de chaque région. Leur pose demande beaucoup d'attention car ils sont d'une grande précision dimensionnelle.

La brique

Ce matériau chaleureux trouve naturellement sa place au jardin. La brique pleine est très utilisée dans certaines régions comme le Nord ou le Sud-Ouest. Ses qualités lui valent aujourd'hui la faveur des jardiniers de toute la France. Les teintes sont très variables en fonction de la briqueterie d'origine, même si la disparition de nombreuses usines tend à uniformiser les produits. La brique perforée assure le montage du mur tandis que la brique pleine forme le chaperon. Trois aspects de surface sont disponibles : arraché, sablé ou lisse. Le montage se fait au mortier.

Les éléments préfabriqués

Pour construire des murets, on peut aussi utiliser des blocs de béton destinés à rester apparents. Certains ensembles d'éléments permettent de monter des piliers pour soutenir un portail ou une grille. La pose s'effectue comme une maçonnerie courante, avec du mortier, ou par collage. Il est également possible de réaliser une pose à sec puis de remplir les blocs avec du béton. Le muret doit reposer sur une fondation en béton avec armatures en attente pour bien solidariser l'ensemble. Les blocs en pierre reconstituée offrent la possibilité de monter des murets très rapidement. Certains sont même arrondis pour bâtir des murs en arc de cercle. La répartition judicieuse des pierres évite les alignements de joints verticaux (ou « coups de sabre »). Des éléments sécables facilitent le montage tout en limitant les coupes à réaliser. La construction se fait au mortier ou au ciment-colle.

Les pavages

Les pavés ont longtemps été le seul matériau utilisable pour rendre routes et chemins carrossables. Un temps tombés en désuétude, ils retrouvent la faveur des jardiniers pour aménager allées et terrasses au jardin. Tout droit sortis des carrières ou bien récupérés çà et là, voire en pierre reconstituée ou en béton, ils offrent une large palette de coloris et d'aspects.

Le grès

Cette roche fut abondamment employée au fil des siècles car sa structure stratifiée facilite sa taille en pavés cubiques ou rectangulaires. Tous les grès ne conviennent pas à cet usage. Le grès rouge de l'Aveyron et de Corrèze ou le grès rose des Côtes-d'Armor et des Vosges sont trop tendres. Seuls les grès de Fontainebleau et les grès armoricains peuvent être transformés en pavés, même si, aujourd'hui, les pavés en grès proposés dans le commerce viennent en grande majorité d'Inde... La surface peut être patinée et arrondie, comme sur les pavés de récupération, ou lisse quand le pavé est neuf et brut de sciage. La taille à la massette et au ciseau offre une surface éclatée, plus rustique. Selon son origine, cette pierre présente des variations de gris, d'ocre et de brun.

Le granite

Pierre dure par excellence, le granite est la plus résistante des pierres naturelles ! Il est insensible aux intempéries. Plus son grain est fin, au point qu'il soit impossible de distinguer les cristaux qui le composent, plus il est dur et résistant. Suivant sa région d'origine, il présente des teintes grise, gris-rose, gris-rouge, blanche... Le granite gris est le plus répandu et aussi le moins cher. Très durs, ces pavés ne peuvent être retaillés.

Les matériaux

Le porphyre
Cette roche volcanique est abondante dans les Alpes italiennes. L'étymologie de son nom (du grec signifiant « couleur pourpre ») ne doit pas faire oublier qu'elle peut aussi être brune, verte, rose ou flammée. Très dur, le porphyre se façonne en pavés de très haute résistance aux intempéries et au gel. Il est plus difficile à travailler que le granite. Sa face visible après la pose est soit éclatée, comme le grès, soit bouchardée (les cristaux de surface sont écrasés à la boucharde).

Le basalte
Cette roche volcanique, dure et résistante à l'abrasion, est insensible aux agressions chimiques. Noire en carrière, mais devenant brune ou vert sombre à l'air, elle se taille en pavés utilisés surtout en Auvergne. Son travail est délicat car la pierre peut casser au cours de la taille. Sa surface à fibres fines est agréable, mais peut devenir glissante par temps humide.

Le calcaire
Présent dans de nombreuses régions, c'est un excellent matériau de construction. Il est rarement utilisé en pavage car il est difficile à tailler en pavés. Sa résistance mécanique varie aussi fortement en fonction de son origine. Ces pavés s'emploient surtout dans certains lieux historiques.

Le marbre
Très dure et très résistante, cette pierre naturelle est connue depuis des temps reculés. Le marbre de Carrare, le plus réputé, donne de magnifiques pavés d'un blanc laiteux, parfois ombré ou veiné, qui servent essentiellement à la réalisation de motifs décoratifs compte tenu de leur coût.

La pierre reconstituée
La fabrication de ces pavés fait appel à un mélange de poudres de pierre, de ciments blancs, de résines et d'eau coulé dans des moules en élastomère qui reprennent les empreintes des pavés anciens. Le choix est donc large pour s'adapter à tous les goûts et à tous les styles. Antidérapants et non gélifs, ces pavés restent sensibles aux taches et au phénomène de grisaillement ; mieux vaut donc appliquer un traitement de protection hydrofuge contre la formation de mousses, ou oléofuge contre les taches de graisse (il existe également des produits qui assurent ces deux fonctions en une même application). D'une épaisseur de 2 à 5 cm, ils sont destinés à un usage piétonnier.

Le béton
Le pavé autobloquant se décline aujourd'hui en produits mieux finis et de formes plus variées pour répondre aux exigences des jardiniers. Le pavé pleine masse est fabriqué avec du béton et des pigments. Coulé dans des moules, il peut être vieilli mécaniquement pour prendre un aspect ancien. Sa teinte est homogène sur tout le pavé. Plus le béton est compact, plus sa durée de vie est grande. Le pavé bicouche est formé d'un corps en béton recouvert d'un parement décoratif. Les arêtes peuvent être chanfreinées de manière à présenter un aspect plus doux.

La brique
Destinées à la construction de bâtiment, les briques trouvent naturellement leur place pour l'aménagement d'allées et de bordures. Leur résistance dépend de leur cuisson ; certaines sont non gélives. Leurs tons chaleureux, présentant des variations intéressantes, forment avec les plantes des contrastes de couleurs et de matières du plus bel effet. Leur petite taille facilite la création de motifs décoratifs.

Carnet pratique

Les galets
Avec leurs formes arrondies ou ovales, les galets donnent un résultat très original. Ils sont disponibles en divers calibres de 50 à 120 mm, en mélanges de tailles ou d'une même taille. Les variations de couleurs apportent une touche particulière, mais il est aussi possible de se procurer des pierres du même coloris. S'ils sont esthétiques et offrent un aspect naturel, les galets sont aussi très longs à poser, leur surface est rarement plane et le travail de jointoiement est assez délicat. Mais ils permettent de créer des motifs décoratifs originaux.

Les graviers
Assimilables à des petits pavés, les graviers s'étalent sur un géotextile, à l'aide d'un râteau. Le choix se porte sur des graviers concassés ou des graviers roulés, le calibre des uns et des autres oscillant entre 7 et 20 mm. Les premiers sont anguleux tandis que les seconds sont tout en rondeur. Les coloris vont du quartz blanc au basalte. Il existe aussi une catégorie appelée petits galets, dont le calibre varie entre 20 et 50 mm.

Les dallages
Même si le béton est très tendance aujourd'hui, une terrasse ou une allée offrent un aspect plus fini quand elles sont recouvertes avec un revêtement. Le choix est large entre la pierre naturelle proposée en dalle brute ou sciée, la pierre reconstituée, les dalles en béton et le carrelage.

La pierre naturelle
Grès, ardoise, travertin, granite, marbre, quartzite..., la pierre naturelle varie selon son type et sa carrière d'origine, mais elle trouve naturellement sa place au jardin, notamment avec les maisons anciennes. Les dalles proposées ne sont pas toujours d'égale épaisseur, mieux vaut le savoir avant de réaliser les fondations. Certaines sont brutes de carrière, c'est-à-dire de forme irrégulière. Elles sont alors assemblées en un calepinage nommé *opus incertum*. D'autres ont été sciées pour former des dalles régulières, carrées ou rectangulaires. Ces pierres sont aussi sensibles au développement de mousses, de lichens et d'algues qui peuvent les rendre glissantes à l'ombre.

La pierre reconstituée
Les techniques modernes permettent de reproduire l'aspect de la pierre naturelle dans des éléments aux formes et aux tailles standardisées. Les dalles sont alors proposées en format unique, pour une pose à joints décalés, ou en plusieurs formats pour créer des sols plus animés, sans alignement de joints. Il est bon dans ce cas de connaître exactement le nombre de modèles de dalles pour éviter de poser les mêmes les uns à côté des autres. Certaines dalles reproduisent aujourd'hui des galets.

Les dalles en béton
Le choix est vaste avec des tailles, des formes, des tons et des finitions (lisse, rugueuse, gravillonnée...) très divers, reprenant parfois les coloris de roches naturelles. Leur aspect s'améliore avec le temps, quand le béton se patine ; elles s'intègrent alors bien au jardin. Mais il faut accepter d'avoir des couleurs vives pendant un an ou deux. Bon marché, elles sont aussi faciles à poser.

Le carrelage
Ce revêtement fait appel à des carreaux en grès cérame, non gélifs, de 30 x 30 cm au moins pour le format carré et de 30 x 45 cm pour le format rectangulaire. Choisissez des carreaux dotés d'un indice R10 au minimum : il s'agit du coefficient d'antiglissement du carreau, qui au niveau 10 assure une bonne tenue avec des chaussures ; l'indice 11 indique quant à lui une très bonne rugosité. Ce matériau est très facile à entretenir.

Les matériaux

Le bois

Le bois est devenu un matériau de choix pour habiller une terrasse. Disponible dans une large gamme de prix, selon les essences choisies, il est même aujourd'hui copié avec le bois composite, le grès cérame ou le béton, dans une technique similaire à la pierre reconstituée. Proposé en lames ou en caillebotis, il offre une très grande liberté de construction. En outre, c'est un revêtement très chaleureux !

Les résineux

Ce sont essentiellement le pin des Landes ou pin maritime et le pin sylvestre ou pin rouge du Nord. Pour résister aux intempéries et aux attaques des insectes et des moisissures, les lames doivent être traitées en autoclave ; elles sont alors imprégnées sous pression jusqu'au cœur avec des produits à base d'oxydes métalliques. Pour les terrasses, le choix doit se faire sur des bois classés 3 ou 4 selon le CTBA (Centre technique du bois et de l'ameublement). Une autre essence est disponible : le pin de Douglas, seul résineux naturellement résistant aux insectes et aux moisissures. Les résineux apportent un caractère rustique qui convient bien aux ambiances champêtres. Vérifiez que les bois portent le label PEFC (*Program for the Endorsement of Forest Certification Schemes*), certifiant qu'ils sont issus d'une exploitation gérée et raisonnable des ressources forestières.

Les feuillus

Dans nos régions tempérées, il est de tradition d'employer des essences du cru comme le châtaignier, le chêne ou le robinier. Plus durs que les résineux, ces bois sont naturellement résistants et créent une ambiance plus traditionnelle. En outre, ils sont issus de forêts européennes gérées durablement. Mais ils se font rares sur le marché… Là encore, vérifiez que les bois portent le label PEFC (voir ci-dessus).

Les essences tropicales

Ces bois sont naturellement résistants aux intempéries, grâce à leur structure huileuse qui les rend imputrescibles, et équivalent à la classe 4 du CTBA. Mais ils grisaillent avec le temps, sous l'influence des rayons UV. Les taches finissent aussi par nuire à leur aspect s'ils ne sont pas entretenus. Bangkirai et ipé sont les plus répandus. Leur durée de vie, sans traitement, est respectivement de 15 à 25 ans et de plus de 25 ans. Le teck est un classique, mais sa surexploitation l'a rendu plus rare, même issu de forêts gérées. D'autres essences sont disponibles, comme le bilanga, le cumaru, le doussié, l'iroko, l'itauba, le padouck… Pour éviter le pillage des pays tropicaux, assurez-vous que les bois achetés portent les labels FSC (*Forest Stewardship Council*) ou TFT (*Tropical Forest Trust*). Vous éviterez de participer au désastre écologique dans ces pays.

Le bois traité thermiquement

Aussi appelé bois THT (traité à haute température), ce bois est chauffé entre 160 et 245 °C pendant un temps donné. Ce traitement modifie sa structure interne qui résiste alors aux agressions biologiques et à l'humidité, lui permettant de rester stable dans le temps. En contrepartie, sa résistance mécanique est moindre. Il faut donc utiliser des sections plus importantes et ne pas s'en servir pour réaliser des structures. Ce bois convient bien à la réalisation de revêtements de terrasses et de bardages.

Le bois thermo-huilé

Cette nouvelle technique de protection, largement développée en Allemagne, consiste à « cuire le bois » dans de l'huile ! En clair, le bois (châtaignier ou pin de Douglas) est trempé dans un bain d'huile végétale (huile de colza le plus souvent) porté à 130 °C environ, puis dans un bain d'huile froide. Cette succession de bains favorise la pénétration de l'huile dans le bois. Peu coûteux en énergie et respectueux de l'environnement, ce traitement améliore la stabilité du bois et sa durée de vie en extérieur. D'aspect très doux, le bois thermo-huilé est appréciable lorsqu'on aime marcher pieds nus...

Les bois composites

Mélange de granules de bois et de PVC ou de polyéthylène haute densité, ces revêtements sont extrudés. Ils sont donc d'une très grande régularité. Leur autre avantage est d'être parfaitement stables, sans retrait ni dilatation, et de ne nécessiter aucun entretien. Pas de grisaillement à craindre ni de nœuds ! Les lames sont alvéolaires, donc creuses, ce qui oblige à installer des embouts de finition. La pose se fait par clips, en veillant à respecter les indications du fabricant.

Pour la structure

Le bois utilisé pour créer la structure d'une terrasse en bois doit résister à l'humidité et durer dans le temps. Il doit donc être de classe 4 du CTBA. Certains bois exotiques conviennent, mais mieux vaut leur préférer des bois traités en autoclave, meilleur marché et tout aussi efficaces. Si vous le pouvez, optez pour du châtaignier, du chêne ou du robinier, résistants dans le temps sans traitement s'ils sont sans aubier.

La structure se compose de lambourdes et de solives. Les premières sont des pièces de bois dont la section est plus large que haute. Dans le cas d'une terrasse, elles doivent avoir au moins 40 mm de hauteur pour une bonne accroche du platelage ; la section la plus courante est de 70 x 45 mm pour une portée entre appuis de 75 cm. Les secondes sont, au contraire, plus hautes que larges. Leur portée est donc plus importante. Ainsi, une solive de 120 x 58 mm a une portée maximale de 170 cm.

Pour le platelage

C'est l'autre nom technique du revêtement de la terrasse. Lui aussi doit être en classe 4 car soumis aux intempéries. Mais si la terrasse est abritée, la classe 3 fait l'affaire. Le platelage est composé de lames ou de dalles d'essences et de formats divers.

Les lames ont des longueurs variables. Les largeurs les plus courantes sont de 90, 120 et 140 mm, pour des épaisseurs allant de 20 à 42 mm. C'est l'essence et l'épaisseur de la lame qui définissent la distance maximale entre appuis ou entraxes. L'écartement entre les lames est compris entre 3 et 9 mm, mais attention : le bois a tendance à gonfler et à se rétracter ; les cales utilisées dépendent donc étroitement de l'humidité du bois lors de la pose. Les arêtes des lames seront cassées (les chants sont arrondis) pour limiter le risque d'échardes. Mieux vaut choisir des lames avec des rainures qui évitent qu'elles ne se soulèvent et qui réduisent aussi l'effet de glissement que peuvent produire certains bois mouillés.

Les caillebotis sont des dalles carrées ou rectangulaires. Ils sont constitués de lames de bois assemblées sur des traverses en bois ou sur un support en matière synthétique. Les modèles les plus récents sont conçus pour s'autobloquer. La pose se fait sur un sol dur ou stabilisé. Il est possible de démonter la terrasse pour faire hiverner les dalles à l'abri des intempéries de l'hiver.

Index

Abri de jardin, 198-209
   – bois (en), 202-203, 208-209
   – chaume (en), 208-209
   – kit (en), 204-205
   – pierre (en), 208-209
   – plessis (en), 206-207
Acier, 107, 165, 187
Allée, 30-47
   – ardoise (d'), 34-35
   – béton (en), 45
   – brique (en), 43, 45
   – caillebotis en pin (en), 32-33
   – calepinage (en), 38-39
   – coque de noix (en), 42-43
   – dalle (en), 38-39, 46
   – écorce de pin (en), 36-37
   – gravier (de), 42-43, 47
   – *opus incertum* (en), 43
   – pavé (en), 36-37, 42-43, 45
   – pierre plate (en), 43
   – réalisation (d'une), 44-47
Arche
   – acier (en), 107
   – roseau (en), 107
Ardoise, 34-35

Bambou, 24, 36-37, 42-43, 86-87, 89, 124-125, 127
Banc, 136-147
   – bois (en), 146-147
   – coin (en), 146-147
   – fer (en), 147
   – granite (en), 138-139
   – jardinières (en), 147
   – pierre plate (en), 146
   – plaque de béton (en), 147
   – rondin (en), 136-137, 139
   – traverse de chemin de fer (en), 144-145
   – treillis (en), 147
   – triangulaire, 147
Bangkiraï, 28
Barrières, 169
Bassin, 170-197
   – acier (en), 187
   – asiatique, 178
   – béton (en), 187
   – carré, 22-23, 176-177
   – cascade (en), 188-189
   – circulaire, 186-187
   – emplacement (d'un), 195
   – exotique, 179
   – géométrique, 176-177
   – naturel, 170-171, 173-175
   – paroi (d'un), 192
   – petit, 182
   – préformé, 192, 197
   – profondeur (du), 192
   – réalisation (d'un), 192-197
   – rectangulaire, 186
   – rigole d'irrigation (en), 188-189
   – rivière (en), 189, 197
Belvédère, 22-23
Berge, 193, 197
Béton, 45, 164-165, 187, 238-239
   – bloc (de), 239-240
Bois, 18-19, 25, 28-29, 76-77, 100-101, 104-106, 114-117, 122-123, 146-147, 202-203, 208-209, 243-244
   – bangkiraï, 28
   – brut, 20-21
   – classement (du), 243-244
   – composite, 28, 244
   – exotique, 28
   – feuillus, 243
   – lame de, 18-19, 29, 244
   – résineux, 243
   – rétifié, 28
   – rondelles (de), 20-21
   – teck, 18, 28
   – thermo-huilé, 243-244
   – traité thermiquement, 243
   – tropical, 243
Bordure, 148-169
   – acier (en), 165
   – béton (en), 164-165
   – bouteilles en verre (de), 158
   – brique (en), 152-153, 168-169
   – buis (de), 160, 166
   – dalles (de), 168
   – éléments horizontaux (d'), 167

- éléments verticaux (d'), 166
- galets (de), 161, 165
- pierre (en), 150-151, 167-168
- plessis (en),148-149, 151, 154-155, 157, 166
- réalisation (d'une), 166-169
- rondin (de), 159, 166-167
- traverse de chemin de fer (de), 156, 162, 167
- tronc d'arbre (de),162-165
- tuile plate (de), 164-165
- végétaux (de), 166

Boule lumineuse, 217
Brique, 10-11, 13, 24, 38-39, 43, 45, 60-61, 78-79, 81-83, 152-153, 168-169, 240

Cadran solaire, 233
Caillebotis
- béton (de), 25
- bois (de), 28, 244
- pin (de), 32-33

Calepinage, 38-39
Carrelage, 242
Cascades, 188-189, 197
Chape de mortier, 27
Chaux, 238-239
Ciment, 238
Claie, 72-73
Classement du bois, 243-244
Claustra, 86-95
- bambou (de), 86-87, 89
- fer forgé (en), 88-89
- osier tressé (en), 94-95
- treillis de bambou (en), 90-91

Clôture, 66-85
- fer forgé (en), 81
- osier (en), 72-73, 80-81
- piquet (de), 71
- treillis de bois (en), 66-67, 69

Coffrage, 45
Contremarche, 64-65

Dalle, 46, 168, 242
- béton (en), 38-39, 60-61, 242
- pierre (en), 22-23
- pierre naturelle (en), 242
- pierre reconstituée (en), 242

Diode électroluminescente, 222

Eau (du bassin), 192, 194-195
Éclairage, 210-223
- allée (d'une), 220
- arbre ou arbuste (d'un), 215, 220-221
- banc (d'un), 222
- bassin (d'un), 193, 221-222
- couleur (de l'), 215
- de dessous, 215
- de dessus, 218-219
- entrée (d'une), 221
- escalier (d'un), 62, 216, 220
- haie (d'une), 221
- installation (de l'), 220-223
- massif de fleurs (d'un), 218-219, 220
- normes de sécurité (pour l'), 222-223
- pergola (d'une), 221
- piscine (d'une), 221
- solaire, 223
- terrasse (d'une), 221

Écorce de pin, 36-37
Éléments préfabriqués, 240
Escalier, 48-65
- béton (en), 65
- brique (en), 60-61
- dalle de béton (en), 60-61
- pas-d'âne (en), 61
- pierre (en), 52-59, 60, 64
- réalisation (d'un), 62-65
- rocher (en), 54-55
- rondin (de), 56-57, 63
- traverses de chemin de fer (en), 48-49, 51, 58-59, 61
- tronc de bouleau (en), 50-51

Estrade, 18-19

Fer forgé, 81, 88-89, 102-103, 112-113, 118-119
Feuillu, 243
Filtration (de l'eau du bassin), 193
Fondation
- mur (d'un), 82
- terrasse (d'une), 26

Fontaine, 176-177, 183, 188-191

Galet, 10-11, 13, 25, 161, 165, 242
Giron, 64-65
Granulats (pour béton et
- mortier), 239
Gravier, 32-33, 42-43, 47, 242
Gravillon, 12-13
Grille
- fer forgé (en), 224-225, 227

Jet d'eau, 183, 190-191

Kiosque, 110-123
- bois (en), 114-115, 122-123
- fer forgé (en), 112-113, 118-119,
- japonisant, 123
- kit (en), 118-119,

Label
- FSC (*Forest Stewardship Council*), 243
- PEFC (*Program for the Endorsement of Forest Certification Schemes*), 243
TFT (*Tropical Forest Trust*), 243
Lanterne, 210-211, 213, 219
LED, 222
Luminaire, 220-223

Matériaux, 238-244
- bassin (pour), 192
- escalier (pour), 62
Mortier, 238-239
- bâtard, 238

- chape (de), 27
- colle, 27
- gras, 238
- maigre, 238

Mur, 66-85
- bloc de béton (en), 85
- brique (en), 78-79, 81, 83
- crépi (en), 78-79
- pierre (en), 74, 75, 78-79, 84-85
- réalisation (d'un), 82-85

Nain de jardin, 234-235

Objet décoratif, 224-235
Opus incertum, 16-17, 43
Osier tressé, 80-81

Palissade en bois, 80-81
Parquet de jardin, 29
Pas-d'âne, 61, 65
Pas japonais, 30-31, 33, 42-43
- dalle de pierre (en), 40-41
- rondin (en), 42-43

Pavé, 36-37, 42-43, 45, 240-241
- basalte (en), 241
- béton (en), 24, 241
- brique (en), 241
- calcaire (en), 241
- granite (en), 240
- grès (en), 240
- marbre (en), 241
- pierre (en), 14-15, 241
- porphyre (en), 241

Pergola, 96-109
- acier (en), 107
- bois (en), 100-101, 104-106
- dur (en), 109
- fer forgé (en), 102-103
- kit (en), 109
- ogive (en), 96-97, 99
- réalisation (d'une), 108-109
- rectangulaire, 96-97, 99, 100-101
- rondin (en), 98-99
- tronc d'acacia (en), 106

Pierre, 52-55, 60, 84, 150-151, 167-168, 209
- concassée, 58-59
- naturelle, 16-17, 242
- plate, 16-17, 43, 56-57, 75, 146
- reconstituée, 85, 241
- sèche, 74, 84-85

Piscine naturelle, 180-181
Plante (pour bassin), 193
Platelage, 244
Plessis, 148-149, 151, 154-155, 157, 166, 206-207
Poisson (pour bassin), 193
Pompe (d'un bassin), 193
Portail en bois, 68-69
Pot, 230-231

Résineux, 243
Revêtement
- allée (d'une), 44-47
- terrasse (d'une), 26-29, 244

Rigole d'irrigation, 188-189
Rondin, 56-57, 98-99, 136-137, 139, 159, 166-167

Sphère lumineuse, 217
Statue, 234-235

Teck, 18-19
Terrasse, 10-29
- bambou (en), 24
- bois (en), 18-19, 25, 28-29, 244
  - brut, 20-21
  - lames (de), 18-19, 29
  - rondelles (de), 20-21
- brique (en), 10-11, 13, 24
- caillebotis (en)
  - béton (de), 25
  - bois (de), 28
- chevrons (en), 18-19
- dalle (en), 22-23, 27
- galet (de), 10-11, 13, 25
- gravillon (de), 12-13

- pavé (de)
  - béton (en), 24,
  - pierre (en), 14-15, 26-27
- pierre naturelle (en), 16-17
- réalisation (d'une), 26-29

Tonnelle, 110-123
- arc de cercle (en), 122-123
- bois (en), 116-117, 122-123
- pyramidale, 122-123

Traverse de chemin de fer, 42-43, 144-145, 156, 162, 167
Treillis, 66-67, 69, 78-79, 90-93, 147
Tronc d'arbre, 106, 162-165
Tuile plate, 164-165
Tuteur, 124-135
- arche (en), 124-125, 127
- bambou (en), 124-125, 127
- éventail (en), 134-135
- obélisque (en), 130-131
- oblique, 128-129

Crédits photographiques

Toutes les photos sont de **Virginie Klecka**,
sauf p. 23 (Jardin Payens à Herblay, 78) : **E. Brenckle/Rustica** ;
pp. 27, 43 (photo 4), 46, 47, 84-85, 157, 165 (photo 4), 166-167, 168, 169, 174-175, 178, 179, 180-181 (Création Paul Martin Design, Hampton Court, 2006), 187 (photos 4 et 5), 188-189 (photos 2, 3, 4, 5), 190-191, 216-217 (Création Atout Vert) : **P. Glémas** ;
pp. 234 (Jardin de Mazicourt), 235 (photo 2, Exposition de Bagatelle, 2000) : **F. Marre/Rustica** ;
p. 209 : **C. Hochet/ Rustica**.

V. Klecka remercie les jardins suivants de lui avoir ouvert leurs portes et permis de les photographier

Le Clos Joli, Brécy (02) : couverture, pp. 34-35, 112 ;
Potager du Château de Belmont, Restaurant Jean Bardet, Tours (37) : 4e de couverture, pp. 15, 115 ;
Campagne Sainte-Marie, Tourrettes (83) : pp. 4, 8, 44 ;
Jardin de Sonja Gauron (paysagiste), Garden Design, Le Perray-en-Yvelines (78) : pp.10-11, 12, 13, 37, 41, 43 (photo 5), 48-49, 73, 96-97, 123 (photo 4), 130-131, 135 (photo 5), 143, 183, 185, 205, 210 à 215, 218 (photo 1), 219 (photo 5), 232 (photo 2), 233 (photo 4) ;
Jardin La Grenouillère, Les Essarts-le-Roi (78) : pp. 18, 25 (photo 6), 30 à 33, 159, 200, 236-237 ;
Jardin Gecko, Jean-Jacques Derboux (paysagiste), Assas (34) : pp. 21, 24 (photo 3), 158, 229 (photo 3) ;
Jardins de la Mansonière, Saint-Céneri-le-Gerei (61) : pp. 24 (photo 1), 25 (photo 3), 81 (photo 4), 82, 86 à 93, 118, 133, 136-137, 153, 198-199, 218-219 (photo 2), 228, 231 (photo 2) ;
Jardins Secrets, Rumilly (74) : pp. 24 (photo 2), 147 (photo 3), 232-233 (photo 3) ;
Jardins de l'Albarède, Serge Lapouge (paysagiste), Saint-Cybranet (24) : pp. 25 (photo 4), 42 (photo 3), 60 (photo1), 61 (photo 4), 64, 68, 148-149, 209 (photo 5) ;
Le Clos du Coudray, Étaimpuis (76) : pp. 38, 60 (photos 2 et 3), 117, 122-123 (photo 3), 156, 195 ;
Olivier Boderiou (paysagiste), Plomodiern (29) : pp. 42-43 (photo 2) ;
Jardin privé d'André Ève (45) : pp. 50, 63 ;
Roseraie de Berty, Largentière (07) : pp. 53, 107 (photo 3), 122 (photo 1), 135 (photo 4) ;
Jardin des Sambucs, Saint-André-de-Majencoules (30) : pp. 55, 196 ;
Jardin des Pépinières Filippi, Mèze (34) : p. 56 ;
Le Moulin du Rivet, Roffiac (15) : pp. 59, 98, 224-225 ;
Jardin des 1001 fleurs, Saint-Julien-de-Peyrolas (30) : pp. 61 (photo 5), 235 (photo 3) ;
Jardins d'Agapanthe, Alexandre Thomas (paysagiste), Grigneuseville (76) : p. 65 ;

Jardins de Cadiot, Carlux (24) : pp. 66-67, 106 (photo 1), 154-155, 176-177, 208 (photo 3) ;
Jardin d'Anne-Marie, Lardy (91) : pp. 70, 120-121, 202-203, 208 (photo 2) ;
Terre Vivante, Mens (38) : pp. 75, 146-147 (photo 1) ;
Jardin d'Asters, Françoise Cottier, Poigny-la-Forêt (78) : pp. 77, 110-111 ;
Arboretum des Grandes Bruyères, Ingrannes (45) : pp. 78-79, 106 (photo 2), 141 ;
Jardin des rosiers, Patsy Boughton (paysagiste), La Puye (86) : p. 80 (photo 2) ;
Parc Floral de La Source, Orléans (45) : pp. 94-95, 129, 134 (photo 1), 206-207 ;
Jardin des Mélanges, Saint-Gilles-les-Bois (22) : pp. 101, 138, 150, 160, 163, 182, 229 (photo 2), 230 (photo 1), 231 (photo 4) ;
Jardins Saint-Florent, La Rochefoucauld (16) : p. 103 ;
Jardin de Guy Thénot, Jargeau (45) : pp. 104-105, 122 (photo 2), 126 ;
Jardins du Marais, Herbignac (44) : pp. 107 (photo 4), 165 (photo 5), 186-187 (photo 2), 208 (photo1) ;
Jardin d'Edith Mac Leod, Orléans (45) : pp. 124-125 ;
Jardin des Sablons, Globe Planter, Gien (45) : pp. 134 (photo 2), 135 (photo 3), 147 (photo 5) ;
Jardin de Liliane, Saint-Laurent-sur-Gorre (87) : pp. 144-145, 164 (photo 3) ;
Prat-Ar-Lin, Plouha (22) : pp. 146 (photo 2), 186 (photo1) ;
Jardins d'Angélique, Montmain (76) : pp. 147 (photo 4), 235 (photo 4) ;
Jardin d'Annabelle, Beauval-en-Caux (76) : p.164 (photo 1) ;
Jardins d'Eau, Carsac-Aillac (24) : pp. 170-171, 186-187 (photo 3), 188 (photo 1) ;
Jardin du Mas de l'Abri, Ponteils (30) : pp. 172, 231 (photo 3) ;
Le Sud, Puybren, Bretenoux (46) : pp. 220-221 ;
Jardin de La Pellerine, La pellerine (53) : p. 226 ;
En Galinou, Camaran (31) : p. 232 (photo 1).

Tous les dessins ont été réalisés par **D. Klecka**

Conception et mise en page : S. Mendoza/Rustica
Suivi éditorial : V. Jeannot
Suivi de fabrication : M. Guibert

Photogravure : Altavia Lille

Achevé d'imprimer en septembre 2007 par Graficas Estella en Espagne
F07066